歴史文化ライブラリー
474

室町将軍の御台所

日野康子・重子・富子

田端泰子

吉川弘文館

目　次

日野氏の登場――プロローグ

日野富子の評価

室町将軍家足利義政《あしかがよしまさ》の御台所《みだいどころ》日野富子《ひのとみこ》については、後世、特に近世、悪評が浴びせられることが多く、一般的には「悪女」であったとの評価が定着している。富子の悪評は、夫足利義政を差し措いて政権を握った点、私財を蓄積し、それを高利貸として運用した点、京中で米商売をしようとしていた点などから出たものである。

しかし室町期を研究している筆者から見ると、こうした悪評の元になった史料の記事は、事実を述べているのか、ほんとうに信用できる史料なのか、御台所が執政することは中世にはなかったのか、などの点において大きな疑問が湧き起こってくるのである。

そこで本書では南北朝内乱期に活躍した日野資朝《すけとも》、俊基《としもと》を出発点に置いて、その時代以後の公家日野氏を概観しつつ、政治情勢の移り変わりの中で、日野康子《やすこ》に始まる日野家出身の御台所の執政の歴史を振り返り、ついで足利義政・義尚《よしひさ》時代の日野重子《しげこ》と日野富子の実像とその役割について、政治・経済・社会・文化という広い視点から考察してみたいと思う。なお、室町将軍家の場合、日野家の系図などでは「正室」（御台所）には室の字を使用し、その他の側室は「妻」と表現しているので、その用例に従って書き進めていく。

後醍醐天皇と側近日野氏

南北朝期のはじめに活躍した公家のうち、特に有名な人物は、日野資朝と俊基である。日野資朝は日野俊光の子で、兄弟の資明は柳原《やなぎはら》家を継ぎ、資名《すけな》は日野家の本流を継いだが、資朝の死によって日野家の傍流として終わった人である。資朝は「宋学《そうがく》」を学び、この点で後醍醐《ごだいご》天皇との共通項が生じ、倒幕計画の中心に座ることになった。のち後醍醐天皇は、宋学の知識を基に、宋朝にならった絶対的官僚制を建武新政《けんむしんせい》の中で実現・展開しようとしたからである。

日野俊基は大学頭《だいがくのかみ》藤原（日野）種範《たねのり》の子である。この人は儒学に秀でていたため、後醍醐天皇に蔵人《くろうど》に抜擢されて倒幕活動に参加した。

二人の活躍を『太平記《たいへいき》』から抜き出すと、最初に登場するのは、元亨二年（一三二二）。実際は五年後の嘉暦二年〈一三二七〉のことであると『太平記』の補注は述べている）の中宮藤原禧子《きし》のお産のお祈りと偽った「関東調伏《ちょうぶく》」のための秘法勤行《ごんぎょう》事件のときである。この禧子は西園寺実兼《さいおんじさねかね》の娘で、十六歳のとき後醍醐天皇の后になったが「君恩《くんおん》葉ヨリモ薄カリシカバ」という悲劇の女性として『太平記』には描かれている。後醍醐天皇は「三位殿ノ局」すなわち阿野廉子《あののれんし》を寵愛したので、「御前ノ評定《ひょうじょう》、雑訴《ざっそ》ノ御沙汰《ごさた》マデモ、准后《じゅごう》（廉子）ノ御口入《くにゅう》」だと噂され、人々は当時「男を生むことを軽んじて女を生む事を重んじた」とまでいわれ、廉子への偏愛ぶりと禧子への無視が対比されている。

正中の変と俊基・資朝

中宮禧子の懐妊のお祈りと称して、実は関東調伏のために、諸寺諸山の貴僧・高僧を集めて、さまざまな大法・秘法を行ったとされるこの祈禱にかかわった天皇の臣下は、日野中納言資朝、蔵人右少弁俊基、四条中納言隆資《たかすけ》、尹大納言《いんのだいなごん》師賢《もろかた》、平宰相《へいさいしょう》成輔《なりすけ》の五人である。これら五人にのみ天皇は密かに相談し、武士としては錦織《にしごり》氏、足助《あすけ》氏らの院司《いんし》の兵と、南都北嶺《なんとほくれい》の僧兵少々だけが集まってきたという。

後醍醐天皇の旗揚げにも等しいこの出産祈禱を装った調伏事件の中心に、日野氏の二人がいたことは重要であろう。二人ともに中納言と蔵人という、公家ではそれほど高くない地位にいたが、天皇の側近として倒幕計画と準備に大きな役割を果たすことになる。

俊基は累代の儒家の家を継いでいて、「才学優長成シカバ」（才智学識が優れ長じていたので）、高官に任じられ、蔵人を司るまでに昇進していたという。その俊基はしかし職務がいそがしかったので、籌策《ちゅうさく》を巡らす暇もないため、わざと山門横川《さんもんよかわ》の衆徒《しゅと》からの嘆願状の中の楞厳院《りょうごんいん》を慢厳院と読み違え、諸卿から笑われたので、恥辱にあって籠居《ろうきょ》すると偽り、半年ばかり出仕を止め、山伏《やまぶし》に身をやつして、大和、河内から東国、西国を歩き、城郭になりそうなところ、地方の風俗や「分限《ぶげん》」(身分)を観察したという。まさに天皇の旗揚げのための基礎的な調査をしたのは俊基であったといえる。

いっぽう日野資朝は、美濃《みの》の土岐《とき》氏、多治見《たじみ》氏(共に清和源氏《せいわげんじ》)と近づきになり、「朋友ノ交」はすでに浅くなかったが、なお彼らの心をうかがい知るために「無礼講《ぶれいこう》」を始める。その場に集まったのは、尹師賢、四条隆資、洞院実世《とういんさねよ》、日野俊基、伊達游雅《だてゆうが》、聖護院の法《ほう》眼玄基《げんげんき》、足助重成《しげなり》、多治見国長《くになが》などであった。先述の中宮のお産のお祈りの時点よりも、無礼講に呼ばれた人の数は増えている。しかし無礼講を装った「東夷《とうい》を亡ぼすべき企て」は、土岐頼員《よりかず》がその妻(六波羅《ろくはら》の奉行斎藤利行《さいとうとしゆき》の娘)に漏らしたことがきっかけで、土岐氏、多治見氏が自害に追い込まれ、資朝、俊基も捕らえられるという結果に終わった。これがいわゆる正中《しょうちゅう》の変《へん》である。

調伏事件の処罰

日野氏の二人は鎌倉に送られ、侍所《さむらいどころ》に預けられることになった。このとき『太平記』は資朝と俊基についての人物評を述べている。資朝は日野の一門で、職は検非違使別当《けびいしべっとう》を経験し、官は中納言に至っているので「君ノ御覚へモ他ニ異シテ、家ノ繁昌時ヲ得タリキ」という、最近後醍醐天皇によって抜擢された公家であると述べている。俊基については儒学を家業とする家であり、先述のように蔵人に抜擢されたので、同僚たちも彼のご機嫌を取り、上司たちも「残杯ノ冷ニ随」った（残り物の酒に甘んじるように恥を甘受した）と述べる。二人の急な昇進と取り立てを、周りの公家たちは嫉妬の目で眺めていたことがわかる。

日野資朝は関東に送られたあと、後醍醐天皇が「告文《こうもん》」（誓紙）を勅使万里小路《までのこうじ》大納言宣房《のぶふさ》に持たせて関東に下したことにより、死罪一等を緩められて佐渡に流され、俊基は赦免される（巻二）。正中二年（一三二五）のことである。

しかし日野俊基は元徳三年・元弘元年（一三三一）五月、再び鎌倉幕府に捕らえられ、関東へ送られる。このたびは文観《もんかん》（真言僧、関東調伏の祈禱にも参加）らの「専《もっぱら》陰謀ノ企、彼朝臣ニアリ」という白状により、また「再犯不レ赦法令ノ定ル所ナレバ」との原則に従い、鎌倉で頸《くび》を斬られた。日野資朝も正中二年八月より佐渡に流されていたが、幕府の命により佐渡守護本間《ほんま》山城《やましろ》入道《にゅうどう》の手で処刑された（巻二）。

日野資朝、俊基は、鎌倉幕府倒壊を目指す後醍醐天皇の手足として働いた公家であったといえる。二人の働きがなければ後醍醐天皇の「君ノ御謀叛《むほん》」は日の目を見なかっただろう。後醍醐天皇はその倒幕運動の初期から、上層公家や有力武士を頼るのではなく、中級

表1　公家の家格と官職

	家格	家名	最高職
①	摂関家	近衛・九条・二条・一条・鷹司	摂政・関白
②	清華家	久我・三条・西園寺・徳大寺・花山院・大炊御門・菊亭など	近衛大将→大臣
③	大臣家	中院・正親町三条・三条西など	近衛大将→大臣、大納言
④	羽林家	河鰭・滋野井・中山・正親町・飛鳥井・松木・持明院・四条・山科・庭田など	近衛中・少将→大・中納言、参議
⑤	名家	日野・広橋・柳原など。勧修寺・高棟流平氏の諸家	弁官・蔵人→大・中納言

以下の公家や武家の力また南都北嶺の僧と僧兵を糾合《きゅうごう》して、幕府倒壊を計画した。中下級の公家や武士、僧や僧兵を味方に付けて幕府転覆を謀った珍しい天皇である。そしてその思想は日野資朝も知識として持っていた宋学であったことが明らかになる。以前、後醍醐天皇について、下剋上を実践させようとした天皇であるとの評価がなされたことがあるが、天皇自身にその自覚があったとは考えられない。

公家の位階制

日野氏は公家である。ではその立ち位置はどのようなものであったかを、ここで述べておこう。

平安後期に「五摂家《ごせっけ》」が確立したころから、公家の家格とその官職は表1のように固定化されはじめる。

公家の家格は鎌倉期、室町・戦国期、厳重に守られていた。そして江戸時代、家格は幕府の方針に基づき再度固定されている。

日野氏は公家階級の中でも五番目の名家《めいか》に属しているので、『太平記』が記すように、俊基が蔵人の中でもそのトップに位置したり、資朝、俊基が天皇に登用されて時めくと、嫉妬・怨嗟の目で見られるのである。武士、公家、僧侶など周囲の厳しい眼差しにさらされつつ、日野中納言資朝と蔵人俊基は後醍醐天皇の新政への基礎作りを果たし、「君ノ御謀叛」の張本人として処刑されたのであった。

将軍家妻室の実像

こうして南北朝内乱期から歴史の表舞台に登場する廷臣日野家は、足利義満《よしみつ》時代に将軍家正室の地位を獲得する。業子《なりこ》、康子《やすこ》の背後には、天皇家や院女房《いんのにょうぼう》となった日野家の女性や、他家の養子となったり、寺社に入った日野家庶子が多数いて、武家政権の正室となった彼女らを支えていた。義満時代の日野家当主重光《しげみつ》は、公家山科《やましな》家と親しく、家司《けいし》のように遇した反面、山科家の家職《かしょく》や楽《がく》の習礼《しゅうらい》で、将軍家の家臣のような待遇をも受けさせるという特別な関係を形作っている。

日野家は義持《よしもち》時代、将軍家との関係は良好であったが、義教《よしのり》時代になると、法名観智院《かんちいん》と重子の二人を妻室として送り込んだにもかかわらず、多くの公家・寺社とともに大弾圧を受ける。しかし義教によって正室に持ち上げられた三条尹子《さんじょうただこ》に子どもが生まれなかったため、嘉吉《かきつ》の変《へん》後、重子は後継将軍の生母として尊重され、日野家の地位も上昇する。

義教の側室の地位から正室のち将軍の実母として「大方殿《おおかたどの》」へと地位を上昇させた重子が、義政時代に我が子義政を訓戒《くんかい》している言葉から、義教時代の苦労が重子に正しい判断力を身につけさせたのではと思えてならない。

富子については、先行研究では、応仁《おうにん》の乱《らん》の原因をつくったなどの悪評をもって語られることが多いが、乱以前から細かく時期区分を行って乱中・乱後の世情を検討し、確実な史料に基づいて、彼女の果たした役割を考察し、悪評の根拠となった史料の妥当性を検証してみたい。富子には確実に執政した時期があり、その前後の時期にも、政治のうえで義政を支え、天皇家や公家・寺社への献金などで、戦乱の時代の支配階級、特に天皇家・将軍家と公家・寺社を援助し続けていた。いっぽう、応仁の乱と土民とのかかわりは、足軽《あしがる》の発生以外、従来述べられることは少なかったので、京郊村落山科を舞台に、その郷村結合、関所設置時の郷民の役割、応仁の乱への参加と土一揆《つちいっき》への結集を、富子とのやりとりの中で考察する。

長享年間以降の義尚将軍時代になると、富子の出る幕は少なくなるが、慈照寺銀閣の建設に集中している義政への資金援助や見舞いを欠かさず、義尚と義政の葬儀も自ら行い、次期将軍を義植《よしたね》・義澄《よしずみ》と決定する際にも、富子の意見が重んじられていたことをみる。

そして、日野家から代々の室町将軍家の御台所が出たという、この時代に特異な歴史の中で、その正室、特に日野富子に以前の日野家妻室から継承されたものは何であったのかを考えてみたい。

将軍の正室、天皇の准母

日野康子

足利義満の時代

足利義満の権勢

室町時代の中でも、将軍家の威信が最も強まったのが三代将軍足利義満《あしかがよしみつ》時代である。初めて日野《ひの》家から出た義満の正室は、日野資教《すけのり》の姉妹業子《なりこ》である。この義満期の将軍家と日野家の関係、また日野家と交流を深めた山科《やましな》家の動向を検討することで、日野家の歴史的位置と、日野重光《しげみつ》の姉妹で足利義満の二人目の正室康子《やすこ》、義持《よしもち》の正室栄子《えいこ》の姿を浮かび上がらせてみたい。なお、重光の娘重子《しげこ》は足利義教《よしのり》の側室ついで正室格になったので注目すべき女性であるが、論述の関係で次章で検討する。

足利義満（一三五八〜一四〇八）の父は足利二代将軍義詮《よしあきら》であり、母は石清水《いわしみず》社僧通清《しゃそうつうせい》の娘「紀良子《きのよしこ》」である。父の死により貞治六年（一三六七）十歳で家督《かとく》を継いでいる。しかし、この年齢では将軍としての機能を果たせる能力が備わっているはずもなく、管領細《かんれいほそ》川頼之《かわよりゆき》が幕府の実権を握り、政務を主導した。

康暦元年（一三七九）、二十二歳の義満はその頼之を失脚させ、代わりに斯波義将《しばよしまさ》を管領に任じて幕府の実権を自ら掌握する。ついで永徳二年（一三八二）左大臣、翌年源氏《げんじ》長者《ちょうじゃ》となり、淳和院・奨学院両別当を兼任し、准三宮《じゅさんぐう》の宣下《せんげ》を受け、武家の官職・実権と公家の官職を合わせ持つ地位に昇った。その実力を背景に明徳三年（一三九二）南北朝合体を大内義弘《おおうちよしひろ》の力も借りつつ実現し、後亀山《ごかめやま》天皇から後小松《ごこまつ》天皇への三種《さんしゅ》の神器《じんぎ》の譲渡を実現させた。この年義満は三十五歳であった。

「日本国王」義満と後小松天皇

応永元年（一三九四）義満は将軍を子義持に譲り太政大臣《だいじょうだいじん》となる。元中二年（一三八五）生まれの義持はわずか十歳である。将軍家の実権は手放さず、天皇家の権限に肉薄していこうという義満の意図が見えるようである。翌二年その太政大臣を辞して出家したのは、自らが将軍家の「上皇《じょうこう》」として、幕府政治のいわば「院政」を執り行い、また天皇の臣下としてではなく自らの力で「日本国王」として対中国外交を行うためであったと考える。

出家後の義満は対中国外交を積極的に推進し、倭寇《わこう》を鎮圧し、有力大名を弾圧してその力を削減し、二番目の正室日野康子を「准母」の地位に就け、北山第《きたやまてい》を造営して、朝廷の儀礼を吸収し、それに準じた幕府儀礼を造ろうとするのである。まさに義満の死の直後に朝廷から「太上天皇《だじょうてんのう》」の尊号が与えられたのは、義満の意図の後半生の夢にかなうものであったのではなかろうか。このように義満の真意は、天皇の陪臣《ばいしん》としての立場を蹴って、そのために辞官・出家し、実質的な「日本国王」として、中国との国交を進展させたかった点にあったと思う。明《みん》との貿易の利はあまりにも大きかったからである。

一方、天皇家の後小松天皇は、永和三年（一三七七）の生まれであるので、南朝を吸収した南北朝合一の年、十六歳であり、翌明徳四年（一三九三）親政を開始するが、実権は足利義満に握られ、後小松天皇の姿がはっきり見えるようになるのは、義満の晩年とその死後、天皇がその子称光天皇に譲位して院政を行った時期になってからである。

日野重光は公家日野家流の烏丸資康《からすまるすけやす》の子として応安三年（一三七〇）に生まれ、南北朝合一後の応永元年（一三九四）権中納言となったのを皮切りに、権大納言、正二位、従一位、大納言と昇進し、応永二十年後小松天皇の「院執権」となったが、同年四十四歳で没している。

日野家の初代は平安時代の藤原北家冬嗣《ふゆつぐ》の兄参議真夏《まなつ》に遡る。真夏の孫の代に山城国宇治郡日野（現在の京都市伏見区日野）に法界寺《ほうかいじ》を創建し、その五世の孫が法界寺薬師堂を建立して以来、日野を家名とした廷臣（公家）の家柄である。南北朝期に活躍した資朝の父俊光以後は室町前期、権大納言に昇っていた。重光の代以後の室町期に贈左大臣や左大臣に列せられるようになる。

同時代の証言者山科教言

この時代の公家山科家の当主は教言《のりとき》である。教言が生まれたのは嘉暦三年（一三二八）であるから、足利義満より三十歳年長で、日野重光より四十二歳年長であったことになる。山科家の初代教成《のりしげ》は、その父で後白河院の近臣平業房《たいらのなりふさ》と母高階栄子《たかしなのよしこ》（丹後局）の間に生まれた子で、父の死後後白河院に仕えた丹後局から相続した山科荘を膝下荘園・名字地《みょうじち》として獲得し、その他の所領も後に家領《けりょう》として取得し、院北面《いんのほくめん》をつとめた。同時に公家としては教言から内蔵頭《くらのかみ》を世襲し、御厨子所別当《みずしどころべっとう》を兼ねたので、天皇家に貢納する食品（供御《くご》）を納める供御人《くごにん》を支配し、また内蔵頭に付随する役目として、御服所《ごふくどころ》を管掌し天皇家への「御服調進《ごふくちょうしん》」の義務を負っていた。

教言は八歳で従五位下となり、その後内蔵頭、従三位、参議《さんぎ》、康応元年（一三八九）南北朝合一の少し前に権中納言になったが、翌年この職を辞し、応永二年に出家している。したがって、教言の日記『教言卿記《のりときききょうき》』では、自身の足利尊氏《たかうじ》・直義《ただよし》・義詮との親交、それにも増して火災によって家・家財・日記などを失った教言に援助の手を差し延べ、寵遇を受けた足利義満に関する記事と、自身が高齢になったため、勤めを預けた子息教興《のりおき》と孫教豊《のりとよ》などの公家としての活躍が多くの紙数を割いて語られる。

また山科教言は将軍義満の正室を出し続けた日野家の重光とも親しく、特に教興は父に代わって内蔵頭となって以後、公家として天皇家に仕えて、御服調進の家職を勤め、禁裏《きんり》「御番」を交替で勤仕した。その一方、義満の北山第に毎月一日に参賀し、朝廷でも北山第でも雅楽を奏し、さらに日野重光邸にも出入りし日野邸の風呂に入り、地蔵講《じぞうこう》などの御用を「逗留《とうりゅう》」（宿泊）して務めてもいる。天皇家に仕える公家の一員であるとともに、将軍家にも仕え、また日野家の家司《けいし》の役目をも兼ねるという忙しい日々を送っていることが、応永十年代から義持時代の応永二十年ごろまでの記事（『教興卿記』）から読み取れる。

しかし日野重光が応永二十年（一四一三）三月十六日に亡くなって以後は、内蔵頭は教豊が嗣ぎ、「院執権《いんのしっけん》」も烏丸豊光《とよみつ》に移ったため、日野義資《よしすけ》との関係は重光時代ほど緊密ではなくなるが、山科一族中の山科教高《のりたか》は日野持光《もちみつ》と親しかったためか、足利義嗣《よしつぐ》の処刑に連座させられている（応永二十五年）。

日野家の家系図

室町期の日野氏の主要人物を抜き出すと図1のようになる。図1に基づいて、日野家当主の兄弟姉妹がどのような壮年期・老年期を送ったのかについて考察してみる。

表2から、室町期の日野氏の当主の兄弟姉妹が、成人したあとどのような社会的地位を得ていたのかがわかる。当主は日野氏を継承し、一族は裏松《うらまつ》氏、烏丸氏、柳原《やなぎはら》氏、日野《ひの》

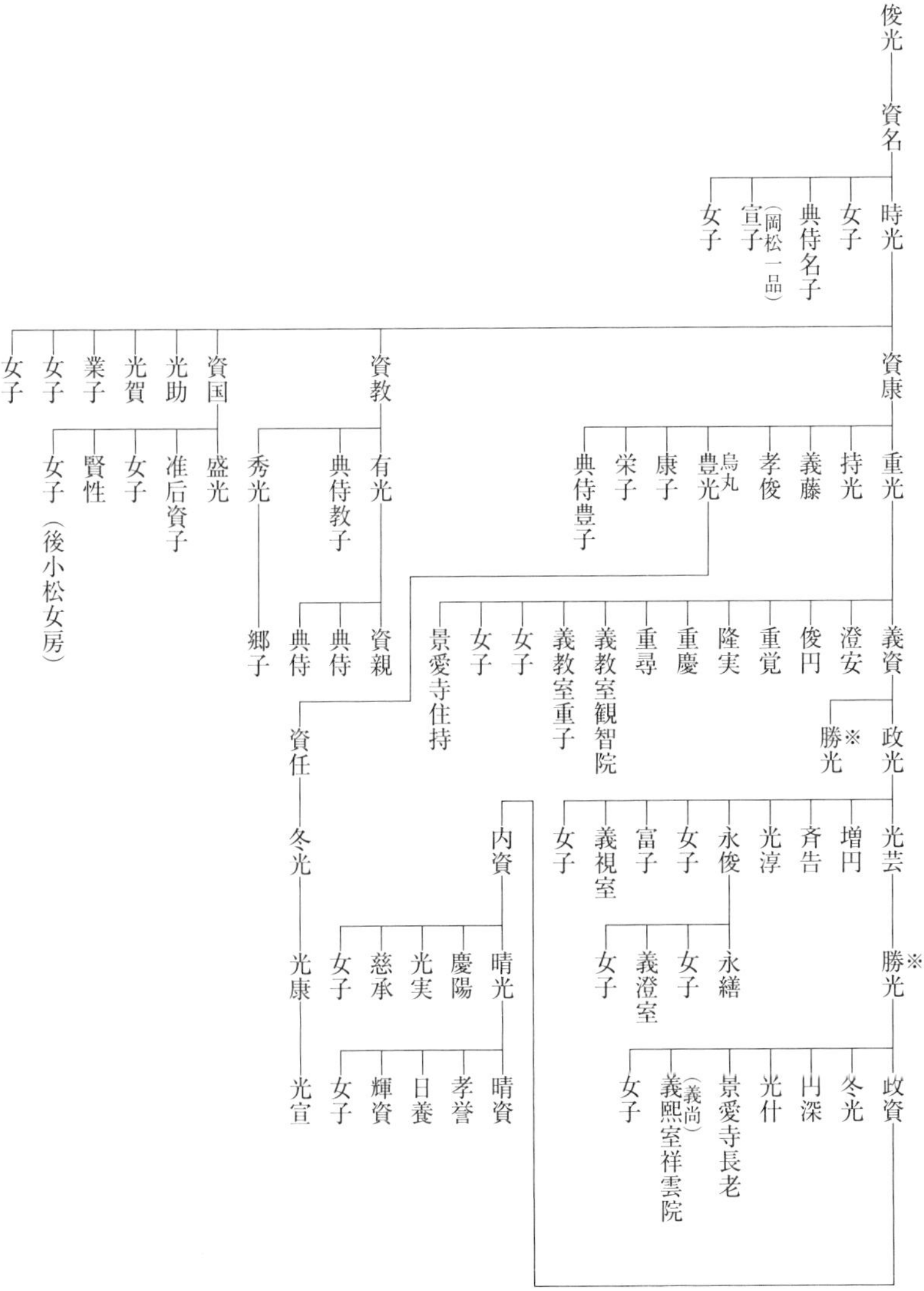

図1　室町戦国期の日野氏

表2　室町期、日野家代々当主の兄弟姉妹

俊光	男8女2	公家5、山僧2、寺僧	院女房、公家妻
時光	男2女3	公家2	典侍、公家妻2、不明
資教	男4女3	公家2、山僧、醍僧	義満室、公家妻2
盛光	男1女3	醍僧	准后資子、院女房、公家妻
有光	男1女1	公家	典侍
資親	女2		院典侍2
重光	男4女3	公家3、僧(東北院)	義満室、義持室、典侍
義資	男7女5	興3、東大、禅、山、公家	義教室、義教室、景愛寺住持
政光	男1(勝光)		
光芸	男4女4	禅2、山、興	義政室富子、義視室、早世2
永継	女3		義澄室、公家妻、不明
勝光(実は政光の男)			
政資	男4女3	公家2、山、興	義尚室、景愛寺長老、不明
晴光	男3女1	禅、山、興	遊佐長教妾
輝資	男3女2	公家、興、僧(本満寺)	神主(津守氏)妻、不明

山…延暦寺円仁流、醍…醍醐寺、興…興福寺、寺…園城寺円珍流

町《まち》氏などに必要に応じて養子に入り、氏族を継続・発展させた。

日野重光の弟豊光が烏丸家の当主となったのがその好例である。豊光は足利義持に仕え、義持の出家のとき、自らも出家している。このとき四十六歳であったという。公家としての務めも果たし、権中納言正二位の官職をもらい、また重光の死後、「院執権」も務めている。

そのほかの日野家の当主の兄弟は、公家として生涯を終えたものは時代が下がるほど少なくなり、室町初期には五人もあったのに、末期には一、二人に減少していることが見てとれる。

代わって増加したのは僧になった男性である。延暦寺（山門）、園城寺（寺門）、興福寺という平安期以来の大寺に入るとともに（重光の兄弟が入った東北院も天台の寺院である）、一族の寺である日野の法界寺《ほうかいじ》の別当を兼ねる者も多く、「日野別当《べっとう》」の名で呼ばれた人が多い。晴光《はるみつ》の兄弟慈承《じしょう》などがそれにあたる。慈承は「日野別当、直叙法眼《じきじょほうげん》、横川長吏《よかわちょうり》」を歴任し、同じく天台山門派の京の尊勝院に入った人であり、藤原康親《やすちか》の子であったが、日野家の養子として日野家関係の寺の継承をなした人である。

また、僧となった日野家庶子の姿を見ると、室町期後半になるほど、禅宗の寺や日蓮《にちれん》宗の本満寺に入った人があることに気づく。日明貿易を推進した足利義満やそれを継承したことがわかる。

義政の政策や、法華衆徒が一揆を起こす時代の波が、日野家の家系図に影響を与えている

聯輝軒永俊・永繕父子と足利氏

中でも注目されるのは、日野富子の兄弟に聯輝軒永俊《れんきけんえいしゅん》がいること、永俊の子永繕《えいぜん》は富子の甥にあたり、その永繕の姉妹は足利義澄《よしずみ》の正室となっていることである。また聯輝軒の首座《しゅそ》である永俊は、義政の猶子《ゆうし》でもあったことが、系図の付記から知られる。義政にも富子にも目を懸けられた親子であったことがわかる。

聯輝軒とは足利義満が開創した臨済宗《りんざいしゅう》相国寺《しょうこくじ》派本山相国寺の常徳院《じょうとくいん》内に開かれた一院で、開基《かいき》は足利義持、義教の弟虎山永隆《こざんえいりゅう》である。そのためこの永隆は「相国寺永隆」あるいは「聯輝軒永隆」と呼ばれた。嘉吉二年（一四四二）四十歳で亡くなったという。この聯輝軒は、禅宗寺院の通例に漏れず、室町期、荘園の代官として、寺僧を地方に下らせたり、荘園領主などに貸し付けをする役割も果たしている。のちに述べる山科家の荘園の一つ備中国水田郷《みずたごう》の年貢を、系図に見える永俊が請け負っていたので、山科家の家司は文明九年（一四七七）四月二十日、年貢のことで永俊の元に出かけ、また水田郷の代官職のことにつき手紙でやりとりをしている様子がうかがえる（『山科家礼記』延徳三年九月十五日条）。

日野家の女子

日野家当主の姉妹に目を移すと、足利将軍家の正室になった者の多いことが目を引く。義満室業子《なりこ》、康子、義持室栄子、義教室観智院と重子(勝智院)、義政《よしまさ》室富子《とみこ》、義視《よしみ》室、義尚室、義澄室の九人にも上る。義満以来、室町将軍家の正室は永らく日野家から出すことが慣わしとなっていたことがわかる。

しかし日野家の女子は朝廷や院にも典侍《ないしのすけ》などの女房、また院女房《いんのにょうぼう》として仕えていたので、その中から天皇家の妻となる女性が誕生するのは奇異なことではない。のちに詳しく述べる義満室康子は、日野家の女性として初めて天皇の准母《じゅんぼ》となっている。また盛光の姉妹資子《すけこ》は、「称光院母后、後花園院准母」として応永三十二年(一四二五)准后となって「光範門院」の院号をもらい、永享五年(一四三三)五十歳で出家した。このように准后・准母となった女性も二人出ているのである。

また、これより以前の康暦元年(一三七九)正月、当時権大納言にすぎなかった義満が、天皇に盃を献げる前に、「主上の御酌を取る」という不敬を働く事件があった。まったく異例の給天盃であったが、それを準備した人々は「准后二条良基、三宝院光済僧正、二位尼日野宣《のぶ》子《こ》」らであったとされる(今谷明『室町の王権』)。

この日野宣子は「岡松一品《おかまついっぽん》」と呼ばれた人で、義満

図2　日野氏略系図

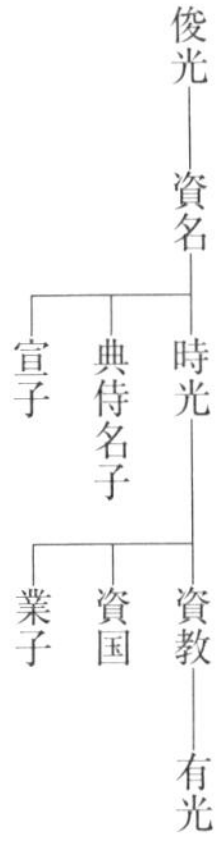

正室業子の叔母に当たり、天皇家の宮廷内で大きな力を持っていただけでなく、義満と業子の婚姻を仲介した人で、「歌人」でもあったという。

そのほか日野家の女子で尼寺に入り、景愛寺《けいあいじ》長老や住持《じゅうじ》になったもののあることが注目される。景愛寺の創建は建治三年（一二七七）で、臨済宗の尼門跡《あまもんぜき》寺院として如大尼《にょだいに》が創建した寺である。南北朝期以後は禅宗尼寺の第一位として栄えた。その後景愛寺六世で光厳《こうごん》天皇皇女恵厳《えげん》禅尼が御所の聖観音《しょうかんのん》を安置する寺として宝鏡寺《ほうきょうじ》を開山したという。応仁の乱後は景愛寺の寺勢が衰え、宝鏡寺住持が景愛寺を兼ねたという。禅宗寺院に対しては、将軍家は手厚い経済的扶助をなしていたことから、将軍家正室からの援助も大きく、そうした関係から日野家の女性もこの寺に入ったのであろう。

その他の女子は公家と婚姻をしているが、室町期の終わりには遊佐《ゆさ》氏という武家や津守《つもり》氏のような神主家との婚姻が登場するのは、公家としての家格が全体的に揺らぐ戦国期に入りつつあったためであろう。

北山院と日野氏・山科氏

日野家初の将軍正室業子

延臣公家である日野家は室町期、武家である代々の足利将軍家の正室を出すという輝かしい歴史を形造った。その嚆矢《こうし》となった足利義満時代の康子について少し史料が残っているので、義満や次の将軍義持と康子の生家日野家との関係、またこの時代の日記を残している山科氏との関係を検討し、どのような条件のもとに三家が結びつきまた離れていかざるをえなかったのかを検討する。そのことを見る中で、日野家の当代における立ち位置を明らかにする。

応永年間の十三年までの日野家の当主は重光である。重光は応永元年（一三九四）権中納言に任じられたのを皮切りに（二十五歳）、三年権大納言従二位、十年正二位、十五年従一位、十八年大納言と昇進し、二十年後小松天皇の院執権となる。応永初年ごろ、父資《すけ》康《やす》はすでに亡く（明徳元年〈一三九〇〉死去）、父の弟資教《すけのり》が日野家を率いていた。しかし叔父資教の官位昇進は重光に及ばず、応永十二年五十一歳のとき出家している。義満の最初の正室となった業子は資教の姉妹であるから、重光にとっては叔母にあたる人である。業子の婚姻について、先述のように叔母の日野宣子が仲介したことを見ても、天皇家に仕える一族男女の後援を得て、将軍家の正室が日野家から選ばれる歴史が始まったことがよくわかる。

御台所となった業子に対して、幕府から御料所が与えられたようである。それは山城国久多荘《くたのしょう》で、醍醐寺の三宝院に預けられていた（『久多荘文書』）。しばらくして久多荘は、応永元年の室町幕府御教書案によると、「御台御料所山城国久多庄」として三宝院に安堵されている（『葛川明王院文書《かつらがわみょうおういんもんじょ》』）。したがって御台所には御料所が与えられる慣わしが、義満時代に成立していたことが確認できる。

この業子が病を得て応永十二年七月十一日に五十一歳で薨《こう》じたため、亡くなった業子に従一位が与えられ、その兄弟資教も正二位から従一位に叙されたが、この日資教は出家したのである。応永十二年に義満は四十六歳、業子は「五十一歳云々」と『教言卿記』にあるので、義満より年長の正室であったことになる。

つづく正室「南御所」康子

亡くなった業子に代わり、正室の座に座ったのが業子の姪で重光の一歳年上の姉康子である。康子は応永四年（一三九七）に義満が造営した北山第の内部の「南御所」に住んでいたようなので、康子を室に迎えたのは、応永初年と見られる。しかし『教言卿記』に康子が初めて登場するのは応永十三年五月九日であるので、業子の死後、業子に代わり「南御所」康子が義満正室としての務めを正式に果たすことになったと考える。

以後康子は義満に同行して後光厳後宮で広橋《ひろはし》家出身の崇賢門院《すうけんもんいん》（仲子《なかこ》）や喝食聖久《かつしきせいきゅう》（義満の娘）と共に兵庫へ明船を見に出かけたり（応永十三年五月）、義満・聖久と共に伊勢参宮に輿《こし》を連ねて参ったり（十月）するようになる。康子の地位が固定すると、日野家の中心も資教から重光へと交替する。

義満と日野重光

もともと義満は資教邸に臨んだりしていた（『迎陽記《ごうようき》』応永六年〈一三九九〉四月三日）が、資教より若い重光を特に引き立て、重光邸で義満は自身の子女の着袴《ちゃっこ》と魚味《まな》の儀を行わせるほどであった（応永五年十一月）。明徳《めいとく》の乱（一三九一年）、応永の乱（一三九九年）で山名氏、大内氏を将軍家の前にひれ伏させた義満は、公家日野重光やそこに集う日野一族、また山科家などの公家を通じて、後小松天皇と廷臣たちを牽制しようとしたのではなかろうか。特に近年取り上げられることの多い

図３　足利義満（鹿苑寺旧蔵）

「伝奏奉書《てんそう》」を、義満が書かせたという事実に関して、義満が家臣化した伝奏こそが日野家と万里小路家であったという点は注目される。義満が天皇家に対して最も大きな圧力をかける機会は、応永十三年に訪れる。

応永十三年十一月、義満はその子（義昭《よしあき》）の魚味の儀を再び日野重光邸で行わせ、重光への信頼度の篤いことを世間に見せつけた。重光が日野家領能登国若山荘《のとわかやま》の半済《はんぜいちょう》停止《じ》を義満から獲得したのは、こうした奉仕に対する見返りであったのだろう。

ただし重光は自身の所領に関する支援ばかりでなく、山科家など公家の所領や家職《かしょく》、また相国寺常徳院領など寺社の所領についても、義満に対し守護など武家からの保護を訴えており、公家・寺社の後ろ盾としての役割をよく果たしていた（『教言卿記』応永十三年十一月二十五・二十七日条など）。

通陽門院の死去

十二月二十七日、通陽門院《つうようもんいん》が薨じた。通陽門院厳子《たかこ》は後円融《ごえんゆう》天皇の後宮で、父は三条公忠《さんじょうきんただ》であり、応永三年（一三九六）に院号宣下を受けていた。義満と親しくまた幕府からも京都五条町南頬《みなみつら》の地を安堵されたりしており(『宝鏡寺文書』)、足利幕府と良い関係を築いていた女院《にょいん》であった。なによりも厳子は時の天皇後小松天皇の生母であったから、義満が尊重したのは理解できる。その通陽門院厳子が亡くなったことが、その後の女院制度に影響を与えることになる。

このとき義満は、後小松天皇に対し天皇一代の間に二度の「諒闇《りょうあん》」(天子が父母の喪に服する期間)は不吉であると進言し、四条天皇の例をあげたという。四条天皇は鎌倉前期の天皇で、貞永元年(一二三二)二歳で即位し、仁治三年(一二四二)正月九日在位わずか九年余で没した天皇である。その後朝廷と幕府の思惑が異なって、空位一一日のあと幕府の推す後嵯峨《ごさが》天皇が即位した。こうした空白期を出すことは、南北朝合一直後のこの時期に避けたい事態ではあっただろう。

しかし事の本質は、後小松天皇の父後円融天皇が薨じたのは譲位の一一年後の明徳四年(一三九三)であるから、このたびの母厳子の崩御により、在位中二度の「諒闇」を迎えることになり、それは避けなければならない、ゆえに准母を置こう、というのが義満の意向だった点にある。

准母設置の提案

これを受けた関白一条経嗣《いちじょうつねつぐ》は、義満の意を汲んで、義満室「南御所」康子に准三宮宣下を受けてもらい、国母に準ずるようにすることを提案したのである。康子が准母になり、院号宣下を受けるという新提案は、単に義満が天皇家を簒奪《さんだつ》するための強引な施策として打ち出したのではなく、朝廷、公家の合意のもとに行われた策であったのではなかろうか。朝廷の力は確かに将軍家に圧倒されてはいたが、経済的支援を大きく幕府に頼っている義満期に、現役将軍義持よりも圧倒的に発言権の大きい義満の意向を受け取ることこそ、後小松天皇の時代を安泰にする基盤になったと思う。

後小松天皇の正室もまた日野家の盛光の姉妹資子であり、資子は元中元年（一三八四）生まれと推定されるので、応永十三年（一四〇六）には二十三歳であったのではなかろうか。後小松天皇と資子の間の子称光天皇は、没年が正長元年（一四二八）で、このとき二十八歳であったので（横井清『看聞御記』）、称光天皇は応永八年生まれであったことになる。よって資子はすでにのちの称光天皇を生んでおり、応永十三年に皇子は六歳になっていたと考える。

「北山院」誕生と山科氏

通陽門院厳子の五十五歳での死により、応永十三年（一四〇六）十二月二十七日、その日のうちに義満室康子は准母とされ、三宮に准じられた。北山殿義満、室町殿義持をはじめ、関白一条経嗣以下の廷臣たちは、日野康子の元に続々と参賀した。翌応永十四年正月には、山科家は例年通りまず北山殿義満に年始の挨拶に出かけ、次に康子に参賀し、その後に日野重光、ついで室町殿義持を訪れている。

二月十八日、義満は康子と共に奈良へ遊覧に出かけ、義満の娘聖久と日野重光も同行した。二月二十七日、義満は石清水八幡宮に参詣する。公卿《くぎょう》として日野重光ほか五人の公家が従い、衛府《えふ》として伊勢貞長《いせさだなが》ら三人も従い、さらには殿上人《てんじょうびと》として御供をした山科教興には山科家家司《けいし》三人と山科家のすべての中間《ちゅうげん》が付き従っている。このように康子の実家日野家と日野家の家司的存在になっていた公家山科家は、総力をあげて義満や康子に仕えていた。

三月五日、康子は「北山院《きたやまいん》」の院号を賜る。すると山科教興は院司《いんのつかさ》に補せられている。山科家には新たな名誉が加わることになった。院司になったことにより、山科家が管掌する「御服所《ごふくどころ》」には、さっそく女院から「五衣《いつつぎぬ》」や「几帳《きちょう》」の調進の注文が入っている。三月二十三日、「北山女院」の入内《じゅだい》がにぎにぎしく挙行され、一条、近衛、菊亭、徳大寺、西園寺、日野（重光と日野町資藤《すけふじ》）、洞院《とういん》、花山院《かざんいん》の「公卿」についで、山科教興などの殿上人、随身《ずいじん》、小雑色《こぞうしき》、舎人《とねり》の男性陣の名のあとに、女房たちの名が逐一書き残されている。

そして四月初めには入内の実質的主催者である日野重光邸には、入内行事に供奉《ぐぶ》した日野町資藤、柳原氏などは、樽持参で「無為」を祝いに集まっている。つまり北山院の入内、女院号拝領は、義満の発案であっただろうが、日野重光や、康子・重光の実母池尻殿《いけじりどの》、後小松天皇室日野西資子《ひのにしすけこ》（日野西資国《すけくに》息女、のちの称光《しょうこう》天皇と小川宮の実母）など、日野家一族の男女が背後から北山院を後見している態勢を作り上げていたからであると思う。

日野家の娘たちは、足利家に次々正室を出す一方、資子のように天皇家や院の女房になった女性たちが、公家となった一族男性と協力して、朝廷側から一族の繁栄に尽くしていた様子が見て取れる。

応永十四年三月に康子が准母として北山院の号を賜って以後も、北山院は義満と共に北山第（北御所に義満、南御所に康子）に住んで、義満の伊勢参宮に遅れて同道したり、丹波《たんば》久世戸や若狭《わかさ》矢穴に行楽して、仲睦まじい姿を史料に残している。

義満と後小松天皇の蜜月期

北山院の誕生で最も変わったのは、応永十五年（一四〇八）三月、後小松天皇が北山院御所に行幸《ぎょうこう》したり、北山第で舞楽を観賞したりしたことで、義満と天皇家の関係が急速に強まったことである。天皇の行幸を控えて義満は楽《がく》を北山第で演奏させ、行幸に備えている。この行幸では猿楽《さるがく》や連歌・舞・蹴鞠《けまり》などが催され、義満から天皇に砂金一〇〇両・金襴《きんらん》一〇段・南鐐《なんりょう》（銀）三〇両などが献上された。続いて天皇は崇賢門院（後光厳後宮、広橋仲子、後小松天皇の祖母にあたる）御所に行幸し、義満の愛息義嗣を正五位下、左馬頭に任じ還幸《かんこう》している。

一四日間の行幸の間に、猿楽・蹴鞠・和歌・舟遊び・早歌《そうか》・白拍子《しらびょうし》などを楽しんだ後小松天皇をもてなした主体は義満であったが、その財源は妻を准母とした義満や、日野重光から出ていたことは容易に想像できる。天皇が御所に還幸した三月二十八日、日野重光は正二位から従一位に、義満の愛息義嗣は早くも従四位下に叙されているからである。そして義満と後小松天皇の蜜月期は義満の死（同年五月）まで続き、義嗣は義満正室康子の猶子格として禁中《きんちゅう》で元服《げんぷく》している（四月二十五日）。

義満の資金源・日明貿易

義満時代に後小松天皇を中心とする朝廷との関係は最も良かった。その理由は、右の行幸や元服の事実から示されるように、義満から天皇家に対し資金援助が手厚くなされたためである。

義満は先述のように大守護大名を次々に圧倒し、合一を果たした朝廷に接近することを公家を介して成し遂げていたので、山科家だけに留まらず多くの公家は、将軍家に接近してその御用を果たすことで、公家であるが義満の元に真っ先に参賀するという、公武が共に義満に臣従している態勢を作り上げていたことがわかる。かつて中世史研究者黒田俊雄氏は、中世の政治体制を「権門体制《けんもんたいせい》」と呼んだが、この言葉は義満時代が最もよくあてはまる。かつてないほど、義満時代は廷臣である公家が、将軍家に対して臣下の礼を尽くしていると思う。

ではそうした義満の公武双方をひれ伏させた背景にあるものは何だったのだろうか。その一つは、日明貿易の利が義満の手に集められた点にあった。応永十四年（一四〇七）九月十五日、義満は例の如く兵庫へ明船を見に出立した。京に戻ったのは二十二日である。その日の『教言卿記』には帰朝の明船が二〇万貫を義満に進呈したことを記し、「珍重」と感想が述べられているのである。このように日明貿易の利は、船主の禅宗寺院や大商人にも入ったが、勘合符《かんごうふ》を発行し、船主に請け負わせて利益を回収し、「日本国王」として朝貢貿易を実現した義満の手許に、莫大な銅銭をもたらしたことがわかる。

禁裏への莫大な献金

義満はその晩年、禁裏《きんり》と密な関係を築いており、しょっちゅう禁裏に出かけ、そのたびに日野重光は義満に扈従《こしょう》しており、山科教興も禁裏で義満の「陪膳《はいぜん》」役を務めるなど（九月九日条）、義満は公家の中の日野氏一族に親しい人々を、自身の臣下のように扱っていた。

そうした朝廷への接近の仕上げは、同年（応永十四年〈一四〇七〉）十月十七日の銭一〇万貫の禁裏への献上である。先述の二〇万貫の半分が、義満から禁裏へ献上されたことになる。後小松天皇は義満に対し負い目は感じただろうが、義満からの経済的支援に対する感謝の念はそれを上回ったのではないか。

義満室康子が応永十四年二月に北山女院となることによって、将軍家と朝廷の関係は緊密になった。その現れとして十月には来年正月の天皇の「元三御服《がんさんごふく》」の費用は康子方から出されることになり、その目録が下され、費用を注進すべきことが山科家に言い渡された。代々の天皇の御服調進の仕事を担当してきた内蔵頭を家職とする山科家は、日記に「目出たし目出たし」と記している（十二月十九日条）。

義満が得た大きな利は明船からの献金に留まらなかったことはもちろんである。その財の使い方は、朝廷ばかりでなく公家や寺社に対してもなされていることは注目できる。公家花山院忠定《ただざだ》の邸宅修理費として義満は一万五〇〇〇疋《ひき》（一五〇貫文）を贈っており（七月一日条）、紀伊《きい》国の日前国懸社《ひのくまくにかかすしや》に対しては造営費として三〇〇〇貫文を寄進している（十月二十七日条）。花山院家への助成に対し同じく公家である山科教言は「言語道断、珍重珍重」と日記に記して、驚きを隠さなかった。

重光と教興の多忙ぶり

応永十四年（一四〇七）一年間の義満の参内は特に多く、ほとんどの参内には日野重光を伴い、ときどき山科教興も御供している。そのため、公家の中で日野重光に近づきたい四条隆直などは、教興に重光への口入れを頼んでいる（十一月二十日条）。義満が参内を繰り返し「禁裏御歌合」に加わったり、「御貝《かい》覆《おおい》」の勝負に入ったりしたことは（十一月二十七日・十二月朔日《ついたち》条）、後小松天皇との関係が良かったことを示す。またたびたびの参内によって北山院の立場を強めるねらいもあっただろう。そうした参内を繰り返す中で、天皇家の「元三御服」や「引物《ひきもの》」（引き出物）の小袖などが、義満や北山院の献上というかたちで登場する。

応永十四年十二月末に義満から天皇に献上される御服は、御冠、御直衣《のうし》、御帯、御あこめ、すずしの御袴、御大口《おおくち》、御宿直物《とのいもの》、御檜扇《ひおうぎ》、御鼻紙であった。これらとは別に義満から長橋局《ながはしのつぼね》に渡される予定の「御小袖十重」はおそらく引物であろう。

朝廷に仕える公家としての山科家は、もちろん廷臣でありその務めは果たしていたが、義満方から天皇の御服調進の費用負担がなされ、日野重光が義満に最も信頼される公家であったため、日常的に「裏松」重光邸に出入りして、重光にも仕えていた山科教興は大忙しとなり、この年には義満の参内には重光とともに参会し、また単独で義満への「中次」も務めるようになっていた。

そのうえ教興は北山院にも仕えていたので、年末に女院に歳末を賀して挨拶に行ったとき、絹の唐物《からもの》で色々に染められた小袖を頂いたので、父教言は「希代之重宝也」「自愛自愛」と喜んでいる。日明貿易で入ってきた唐物は北山院の元にももたらされていたのであろう。

義満側近の地位と務め

応永十五年（一四〇八）正月の日記に、山科教言は禁裏四方拝《しほうはい》のうちの北山女院の拝礼に参加した人々の名をあげている。公卿は関白一条経嗣、左大臣近衛良嗣など一九名で、その中に日野重光と日野町資藤が含まれている。殿上人は烏丸豊光など一七名で山科教興はその中にいる。つまり日野家は義満側近の公家としての地位を築いており、山科家は公家として朝廷に仕える一方、義満や北山院康子の御用を務めていたことがわかる。むしろ義満と康子へのご奉公として、公家としての務めを上回る働きが求められていたようである。応永十五年正月に義満に歳首を賀した山科家の面々は、教興、教有、教高、教豊（教興の子）、持教、賀安丸（のちの嗣教《つぐのり》）の六名にも上り、山科家一族の青年が挙げて義満に拝謁していることがわかる。中でも四十歳の教興は、八十一歳になった老体の教言に代わる山科家当主として、また日野重光の家にも出仕したり逗留するという、忙しい日々を送っている。

以前、応永十二年に教言邸が焼亡したときには、教言は義満から北小路の邸宅を与えられ、邸宅造作の費用として河内葛葉関《かわちくずはのせき》からあがる率分《りつぶん》（関銭《せきせん》収入）を与えられるという御恩を受けていた。このあと、教言は日野重光に「扶持《ふち》」（援助）を謝しているので、邸宅拝領と造作費用助成にも重光の働きがあったことが推測される。さらに応永十五年に義満は、備前居都荘《びぜんこづのしょう》下村を教言に、上村は教遠に一円知行《いちえんちぎょう》させている。所領安堵である。このとき、義満に披露したのは日野重光であったので、教言は「有難し有難し」と記して、暗に重光の口添えがあったらしいことも匂わせている。

山科家の家職

山科家は家職として天皇家の衣装を調進し、そのほか「引物」の御服を求めに応じて作成し献上していた。そのため月宛《つきあて》といわれる月給を代々天皇家から支給されていたが、先述のように応永十四年（一四〇七）年末から、天皇元三呉服の費用や引物の費用は義満や北山院康子から頂くことになった。応永十五年、天の北山第行幸の話が持ち上がると、その際の「引物御服」の調進という注文も加わり、そのための布地は未着であるが、一〇〇貫文という大金が下されている（正月二十一日条）。翌二月には、北山院の北山第行幸の際の上童装束《しょうとうしょうぞく》の調進が高倉永行と山科教興に命じられるなど、衣装製作の仕事は義満・北山院時代に増大し、山科家の役割も急速に重くなっている。

来たる三月の行幸を控えて、山科家はもともと笙《しょう》を得意とする楽《がく》の家でもあったので、北山院の居所北山第南御所で義満やその子義嗣が「習楽」をする際には、教興や賀安丸《かやすまる》（嗣教）が召されていた。御服調進と楽の稽古で大忙しであった日々が終わり、応永十五年三月八日、先述のように後小松天皇は北山第に行幸し、ついで崇賢門院御所に行幸、楽・連歌・舞・蹴鞠などを挙行したあと、二十八日に還幸している。

行幸前に教言は「鈍色《にびいろ》」の衣を義満から贈与され、「希代《きたい》の事也」と感激していた。行幸最中、教興は天皇の「御剣役《ぎょけんのやく》」を務めてもいる。還幸直後、日野重光は従一位に、義嗣は正五位下そして従四位に昇進した。

その義嗣が内裏《だいり》で元服するのは四月二十五日のことである。義嗣の楽の相手を務めた山科嗣教（賀安丸）はすでに応永十四年重光の猶子となっていたのだが、十六歳になったこの応永十五年四月二十七日、北山第で元服し、義満が加冠するという名誉を頂く。教言は「希代の事也」「頗《すこぶ》る過分過分」「手足の舞い踏むを知らざる也」と喜んで、馬一疋、白太《しろだ》刀《ち》を義満に進上している。

巨星落ちる

その義満が応永十五年（一四〇八）五月六日、五十一歳の生涯を終える。五月初めから病状が悪化したり減じたりして、世間の人々は一喜一憂したのだが、とうとう六日に亡くなると、教言は「珍事珍事」「天下諸家哀慟極まりなし極まりなし」と記し、死を悼んでいる。

義満時代の特徴は、将軍家が大守護家を討伐して、武家政権として安定した体制を作ったばかりでなく、持てる財力で天皇家を援助し、天皇家の文化をも取り入れることによって、公家や寺社をも配下に収めつつあった点にあったと思う。まさに権門体制は完成間近であった。そしてそれを可能にしたのは、国内の安定と、義満の採用した「善隣友好」を旗印とする日明貿易であったと思う。明船が到着すると兵庫まで自ら足を運んで見物し、明からの使節を名所に案内し、自ら明服を着て、唐輿に乗り、明人に担がせる（応永十五年十月二十日）など、明船との交易を認めていたため、貿易による大きな利を手にすることができた。そしてこうした義満の大きな経済力が天皇家との共存を可能にしたのであり、義満が計画的に天皇権に肉薄し簒奪を望んだという評価はあたらないと思う。

義満は正室を天皇家の准母とした。そのことは、後小松天皇からはむしろ義満の好意ととらえられたように感じる。いっぽう愛息義嗣（母は春日局《かすがのつぼね》摂津能秀娘）を正室康子と共に北山第南御所に住まわせ、内裏で元服させた（応永十五年四月二十五日）のは、義嗣を将来天皇家の養子にしようとするねらいがあったのかもしれない。しかしこの計画は実現せずに終わる。

義嗣は上杉禅秀《うえすぎぜんしゅう》の乱《らん》に加担したとの理由で、応永二十五年、幕府に処刑されてしまう。この義嗣の死は、義嗣に親しく仕えていた日野持光と山科教高《のりたか》にも波及し、二人も連座して殺されてしまう。日野家と山科家は大打撃を受けるのである。兄教冬《のりふゆ》の死によって応永十六年に山科家の当主となった教興《のりおき》の日記が、父教言のそれに比べてきわめて少なく、また応永二十四年七月で終わっているのは、こうした山科家の蒙った厳しい現実の反映であろう。

足利義持の時代

義持の初政と重光

応永十五年（一四〇八）五月六日の義満の死によって、将軍義持時代が幕を開ける。義持は五月九日、後小松天皇が故義満に太上天皇の尊号を贈ったのに対し、義持はそれを辞退している（『尊卑分脈《そんぴぶんみゃく》』）。このことは、義満時代との落差を世間に見せつけた。五月十日、義満の遺骸は等持院《とうじいん》で荼毘《だび》に付され、昵懇《じっこん》の廷臣たちは浄衣《じょうえ》で葬儀に加わった。「御所」義持、「新御所」義嗣を初めとして、公卿として日野重光、広橋兼宣《かねのぶ》、北畠《きたばたけ》、勧修寺《かじゅうじ》、中山、万里小路《までのこうじ》氏が、殿上人として烏丸豊光、山科教興らが従っている。

その後山科嗣教《つぐのり》も重光の指示で義嗣の元に召され、二七日《ふたなぬか》まで等持院で義持や重光、山科教冬らの籠居《ろうきょ》・焼香《しょうこう》がなされた。この間の食事は、主として日野重光が負担している。

また重光から嗣教に染帷子《そめかたびら》が与えられたので、教言は「欠如之処有難し、悦喜悦喜」と喜んでいる。日野重光はその後も教冬父子などにも帷子を与えるなど、山科一族に広く目を懸けていることがわかる。

いっぽう義満正室で准三宮となっていた北山院康子は、六月一日、山科教興の参賀をうけている。女院が義満と共に住んでいた北山第には、六月七日義持が移ってきて、その北御所を居所と定めた。義嗣は康子とともに暮らしていた北山第南御所から、生母春日局の里邸に移動させられている。康子の居所は北山第南御所で、変化はなかった。

「北山殿」義持は十月八日、公家方申沙汰を日野重光、武家方申沙汰を伊勢貞行《さだゆき》と決定し、重光への信頼度の厚さに変わりのないことを示した。

義持と北山院康子

北山院は八月二十九日壬生《みぶ》地蔵堂に参詣、十一月には地蔵本願経《じぞうほんがんきょう》の談義を聞き（『教言卿記』）、相国寺で大施餓鬼《おおせがき》を行い（『教言卿記』）、八日には奈良に向かい、東大寺の大仏に参籠《さんろう》し、十三日大仏殿に万燈会《まんどうえ》を挙行している。そして二十四日には再び壬生地蔵堂に参籠するのである。康子は義満死後の応永十五年（一四〇八）後半、義満後室として義満の菩提を弔う役割に集中していたことがわかる。

そしてこの年末から天皇家の元三御服は北山殿義持から天皇家に進められることになった。この年の元三御服の費用は七二貫文であった。義持とは別に、北山院は天皇家に進上する御服を御服所に注文し、進上させることを続けている。応永十六年年末に女院から山科家に下された内裏に進上する御服の料足は合計六一貫文であった（十二月七日・二十七日条）。応永十七年以後の御服の調進については、山科家の教言の日記にも教興のそれにも記載がないので、どうなったのかは判明しない。

応永十六年七月ごろから三条坊門万里小路に新第を作り始めた義持は、邸宅ができあがった十月二十六日、ここに移徙《いし》している。義持は北山院とは親しく、また准三宮として女院を尊重していたようである。実母ではないが義母の立場にあったからであろう。応永十九年四月、北山院は義持の三条坊門第に移徙している。このように義持は義満の採った天皇家との急接近策の一部には反発しながらも、天皇家への経済的支援策は継続し、北山院康子とも協調路線をとっている。

図4　足利義持（神護寺所蔵）

北山院による義満供養仏事

北山院は義満の仏事を応永十六年（一四〇九）にも丁寧に勤めるかたわら、二月一日、壬生に参籠中義満の夢を見たとして、義嗣に習楽を勧めている。習楽とは、笙や笛、琵琶《びわ》などの練習をいう。禁裏と共通の文化に堪能になることを求めている点から見れば、康子は義嗣の母代わりを務めているように見える。

義満の娘聖久についても義満生存中より寺社への行楽に伴って、実の娘のようにかわいがっていた様子が見受けられる。その聖久の料所の一つが水田郷であり、ここは山科家の所領でもあったので、山科家としてもこの荘園からの年貢徴収に力を入れざるをえなかった（応永十六年正月四日条など）。

名笙糸巻を家宝として伝来し、楽の稽古に務めてきた山科家に対し、二月四日、義嗣から教言に新しく青地金襴の笙袋が下された。この袋は以前に拝領した白地金襴より「猶結構」な袋であったので、「殊以畏入者也」「秘蔵すべし」と教言は喜んでいる。

応永二十年三月十六日に日野重光が亡くなるまでは、義持時代になってはいたが、日野重光への義持の信頼度も篤かったため、北山院は義満の供養仏事に専念することができた。義嗣も楽のほか蹴鞠を楽しんだりして、朝廷文化を吸収しており、『沙石集《しゃせきしゅう》』を山科家に頼んで贈ってもらったりしている（応永十六年閏三月七日条）。日野重光から引き立てられ多くの扶助を受けてきた山科家は、公家ではあるが、教興と子の嗣教は義持と義嗣に仕え、教興は重光邸にもしょっちゅう参じて奉公するというスタイルで暮らしていた。その他教興の従兄弟にあたる教遠《のりとお》とその子教高、教興の兄教冬などが廷臣として活躍していた。しかし教冬は応永十六年七月に卒しているので、山科家の朝廷と将軍家へのご奉公を抜かりなく務める大役は、三十九歳の教興の双肩に重くのしかかってくることになる。

重光の亡くなる前年の応永十九年、義持と北山院は五月にそれぞれ義満の冥福を祈って法華八講《ほっけはっこう》などを修法している。この年の八月、後小松天皇は皇子躬仁《みひと》親王に譲位し、称光天皇が誕生する。そして後小松上皇の院執権には、重光に代わって義持自らがその任に就いている。

日野重光の死

こうして、義満時代とは異なった様相が見え始めた応永二十年（一四一三）三月十六日、日野重光は薨じたのである。重光の死後、院執権は重光の弟烏丸豊光に再び移動している。またこの年には義持の祖母紀良子《きのよしこ》（足利義詮室、石清水社僧通清の娘）が七月に亡くなったので、義持はその遺骸を翌年高野山金剛峯寺《こうやさんこんごうぶじ》に納めている。応永二十一年の義満の七回忌には、院中で後小松上皇が法華懺法《ほっけせんぼり》を修していることが注目される（『続史愚抄《ぞくしぐしょう》』）。後小松天皇の脳裏には、義満時代の天皇家と将軍家の蜜月情況がよみがえっていたのであろう。

応永二十三年、義持は几帳面に例年の如く五月には義満の追福のため等持院で法華八講を行っている。その二ヵ月後の七月一日、後小松上皇の仙洞御所《せんとうごしょ》で火災が発生、火は禁裏に及ぼうとしたため、将軍義持らは駆けつけて上皇を助けている。仙洞御所の造営は十三日から始まり、二十九日には立柱の儀が行われるなど、義持は素早く対応している。この間、義持は北山院のもとに正月に参賀するなど、女院とはかつてほどではないにしても、良い関係は保っていた。

上杉禅秀の乱とその余波

しかしこの年八月に、関東管領を辞した上杉禅秀（氏憲《うじのり》）が、反義持・反足利持氏《もちうじ》勢力や一門・姻族と力を合わせて挙兵するという上杉禅秀の乱が勃発する。その余波で、反義持と見なされた弟義嗣は、十月三十日、山城高尾に逃れ、ついで出家し、義嗣に仕えてきた山科教高（教興の従兄弟教遠の息）、嗣教（教興息）も出家するという事件が持ち上がる。教高や嗣教は楽を通じて義嗣と親しかったためである。十一月、幕府は足利義嗣を林光院に閉じこめ、山科教高ら四人を加賀に送っている。十一月九日、伏見宮貞成親王《ふしみのみやさだふさしんのう》は『看聞日記《かんもんにっき》』にこれらの人々について「故北山殿寵愛せられ栄花を誇る、事傍若無人」と記している。

翌応永二十四年（一四一七）、院執権には日野有光《ありみつ》が任じられ、山科教遠（教高の父）は民部卿《みんぶきょう》を辞めさせせられた。そして将軍家では義持の子義量《よしかず》の元服が行われ、義持、義量父子は称光天皇のもとに参内し、ついで後小松天皇の東洞院仙洞御所に参るのである。義量の実母は義持室で日野家から出た栄子であるので、日野一族中の持光は次の年に処刑されるが、栄子や有光などは将軍家の信頼を勝ち取っていた情況がよくわかる。

応永二十五年正月、幕府は足利義嗣を殺し（二十二歳あるいは二十四歳といわれる）、日野持光・山科教高を殺した。上杉禅秀の乱に加担したとされる人々は、山名・畠山・世保氏にも及んでおり（応永二十五年六月）、この乱の根深さと、義持の危機感の広がりがうかがえる。義持は十一月、富樫満成《とがしみつなり》を高野山に追放した。貞成親王は「富樫今暁没落と云々、室町殿北野参籠中御突鼻云々、近日権威傍若無人之処、俄之儀、今更人間不定驚かれ了」と記して、富樫氏の運命が突然逆転したことに驚いている。富樫氏は南北朝期以来、加賀国守護職を世襲する国内随一の有力武士であり、満成は兄弟満春とともに加賀半国の守護職を分け合う幕府びいきの武士であった。にもかかわらず、突然義持によって失脚させられたことに、貞成親王は驚いたのであろう。

この応永二十五年ごろより、義持独自の施策が見られ始める。上杉禅秀の乱関係者と見なす人々に対する厳罰はその一端であり、応永二十六年七月には兵庫にやってきた明使呂淵をわざわざ諭して明に帰国させ、東寺《とうじ》に命じて異国を調伏《ちょうぶく》させている。これは義満時代の外交方針とは正反対の施策であることは明白である。北山院を尊重していたことに変わりはないが、北山院にとっても、義満時代との違いがひしひしと感じられたに相違ない。

北山院康子の死と功績

その北山院康子は応永二十六年（一四一九）十一月十一日に亡くなる。十一月四日、病の重くなった康子を案じて義持は北山院のもとに駆けつける。「北山女院御悩危急之間、室町殿馳《か》けて御参と云々」と『看聞日記』は記している。そしてついに十一日後小松上皇准母准三宮北山院康子が薨じた。

このとき天下の触穢《しょくえ》・諒闇について議論され、女院は仙洞の准母であるが触穢は頭弁《とうのべん》裏松義資（重光の子息）が籠居するに留め、天下の触穢とはしない、諒闇もない、と決定された。このような扱いは、以前の准母の死のときよりも軽いものといわざるをえない。伏見宮貞成親皇は「故北山殿（義満）の御時院号有り、一時之栄一睡之夢也。死期に至り准母之儀に非ず。人間不定今更驚かれ了」と感想を述べている。康子の立場は、義持から一定の尊敬を集めてはいたが、義満・重光が健在であったころの輝きほどではなくなっていたことがわかる。

右に述べてきたように、康子は准母となって以後、後小松天皇に対する御服調進を内蔵寮《くらりょう》御服所を管轄する山科家に命じて執り行わせ、それに要する多額な費用を渡して天皇家の経済を助け、天皇家と将軍家の間に立って人的交流をはかり、将軍家に天皇家の文化を浸透させるという役割を果たしたといえよう。

こうした康子の役割の成就を助けたのは、実家日野家の重光や義資、有光また烏丸豊光（康子の兄弟）などの公家としての働きと共に、康子の妹が義持室となり、のちに称光天皇の准母となること、盛光の姉妹資子は称光天皇の母で、のち後花園《ごはなぞの》天皇の准母となっていることなどであった。

それだけではなく、資子の姉妹や有光の娘に称光院の典侍や女房になったものがあり、また有光の娘と姪が後花園院の典侍となるなど、天皇家の女房に広く日野・族の女性たちが入っているということが図1から見て取れる。彼女らが天皇家と将軍家の双方から康子を支えていたことがあげられよう。

天皇家と将軍家の協調

後小松天皇の、義満と康子との交流と二人への感謝の念の篤かったことは、先述の義満生前の応永十五年（一四〇八）三月の天皇の北山第と崇賢門院への行幸に表されている。天皇家と将軍家の文化的交流も、後小松天皇は義満時代は義満や重光を介して行い、義持時代になってからは、楽の伝授を自ら山科家に対して行う（『教興卿記《のりおききょうき》』応永十七年十月十六日条など。この日、教興は後小松上皇から直々に笙曲団乱旋《とらでん》の伝授を北小路宿所で受けている。教興は家宝の笙糸巻で吹いている）など、天皇家としての伝統文化の普及を将軍家の力を借りつつ行う天皇であった。

北山院康子の死後、義持は正室日野栄子と共に寺社参詣などを繰り返し、その子義量へと将軍家を継承させるが、幕府に集う大名たちは管領を中心に力を蓄え、幕府では吏僚《りりょう》と呼ばれる官僚的武士層の形成が始まり、中でも伊勢氏は応永二十八年ごろより存在感を増大し始めるのである。

義持の晩年と義量時代

足利義持は応永三十年（一四二三）三月、実子義量に将軍職を譲る。義量は義持とその正室日野栄子との間に応永十四年に生まれた子である。そして十七歳で将軍を就封《しゅうふう》した。しかし義量は少年時代からの大酒が収まらず、父義持から諌められ、近臣たちに誓書を出させる（応永二十八年）ありさまであった。このように義量は父母の期待に反する青年であったので、実質的な将軍の権限は義持が引き続き掌握している。

義持はこの時代、公家に対する出仕停止などの処罰権を発揮し、また庭田《にわた》氏と四条氏の所領争いを裁許したが（応永二十九年）、後小松院と義持夫妻との仲が良好であったため、天皇家との軋轢《あつれき》は生じなかった。当代の天皇は称光天皇（在位一四一二〜二八年）で、その父は後小松天皇、母は日野資子（実父は日野資国。資教の娘として天皇家に嫁す）であったからである。後小松院にとって、子の称光天皇が病弱で「大酒」であったこと、また天皇の弟小倉宮《おぐらのみや》が応永二十九年に亡くなり、もう一人の皇位継承候補者皇弟小川宮《おがわのみや》の「御酔狂」（『看聞日記』応永三十年二月）が過ぎるなどの難題が山積していたからで、天皇家は将軍家と協調路線をとる姿勢を堅持していた。

　義持は応永三十年八月、駿河守護今川範政《いまがわのりまさ》に旗を与えて鎌倉公方《かまくらくぼう》足利持氏の追討を命じたので、十一月持氏は罪を認める。しかし応永三十二年二月に足利義量と小川宮が相次いで亡くなったため、持氏は義持の猶子となろうと画策したが、義持は使僧にも対面せず、これを拒否している。

将軍家と天皇家の協調路線維持

　そしてついに足利義持が病に倒れる。正長元年（一四二八）正月のことである。そのため六代将軍は義持の同母（勝鬘院《しょうまんいん》藤原慶子《ふじわらのよしこ》）の兄弟義教が継承することになった。義教は義持死後天台座主《てんだいざす》から還俗《げんぞく》し、将軍職を嗣いだのである。義教が継承することを見届けたその翌日、義持は薨じている。

　義持の治世は、義満の姿勢を継承した面と断ち切った面と両方があった。公家に対しては、廷臣を幕臣の如く従わせる方策を継承し、それゆえ処罰権を行使している。天皇家との親密な関係を持続したため、足利持氏追討《ついとう》に際し、旗を今川範政に授けて将軍家の権威をより高めた。朝鮮外交は継承し、大蔵経その他の品を送られ、明の俘虜《ふりょ》を釈放（応永三十一年）している点から考えると、義満ほどの積極性はないが、対外政策も義満の政策をほぼ継承していたと見られる。ただ義満に対する太政天皇の贈呈は恐れ多いと感じて、辞退したのであろう。

忍び寄る影

義持の晩年、日野家の一族は、従一位日野有光が応永三十二年（一四二五）三月、義量の死に殉じて出家している。有光に代わって日野資教が「准大臣」になったがこの人も出家している。続いて七月、日野義資が「院執権」に任じられる。いよいよ義資時代の到来である。国母日野資子にはこの年「光範門院」の院号が与えられる。そして義持の正室日野栄子は将軍の生母として尊崇されていたが、義量の死と、二年後の義持の死によって、義持と共に、政治的生命を失うのである。

つまり、日野家の男女は、義持、義量時代、称光天皇の生母が日野資子であったことを背景に、義満時代同様、公家ではあるが将軍家に最も近い廷臣・親族として、時めいていたのである。日野家の地位が傾くのは、次の足利義教時代である。

恐怖政治から得た教戒

日野重子

足利義教の将軍襲封

日野家から正室を迎える

正長元年（一四二八）正月十八日、足利義持《よしもち》が亡くなった。義持の子義《よし》量《かず》はすでに亡かったので、義持の死の前日、その意を受けて、畠山満家は石清水八幡宮《いわしみずはちまんぐう》で「抽籤《ちゅうせん》」（神意を聞くための籤）を行い、将軍家の後継者を決めたところ、神意は、青蓮院《しょうれんいん》に僧籍を置く義持の同母（藤原慶子《ふじわらのよしこ》）の弟義円《ぎえん》（義宣《よしのぶ》、のちの義教《よしのり》）と出た。この決定を聞いて、義持は十八日に亡くなり、翌十九日管領畠山氏は義円を将軍家後継者に迎えたので、准三宮となって青蓮院に入っていた義円は還《げん》俗《ぞく》し日野義資邸に入っている。この年義円は三十五歳であった。

義円は同年六月、日野重光《しげみつ》の娘（義資の姉妹）を正室として迎える。還俗して義宣と名を変え、室町第（邸）に入り、急ぎ判始《はんはじめ》・評定始《ひょうじょうはじめ》・乗馬始を挙行する。武家に戻った義宣（義教）の次の仕事は、正室を迎えることだったからである。このとき正室に決まったのは、伝統を踏んで日野重光の娘で義資の姉妹であった女子（法名観智院《かんちいん》）である。この後、観智院の妹重子《しげこ》が側室となり、義教の嫡子義勝《よしかつ》、義政《よしまさ》などを生むことになる。

図5　足利義教（妙興寺所蔵）

その他の妻室たち

義教には正室日野氏のほかに多くの側室（妻）がいた。まず正室を日野家という公家から迎え、正室の妹重子を側室にしたほか、正親《おおぎ》町三条《まちさんじょう》家から迎えた尹子《ただこ》をのちに正室とし、尹子の妹「三条上﨟」を側室にしたばかりでなく、名門公家の洞院《とういん》家からも側室を出させていた。そのため多くの子が生まれ、同じ年に二人、三人が誕生した年もある。正室観智院とのちの正室の正親町三条尹子は、子どもを生まなかったようである。

永享三年（一四三一）六月に幕府は側室であった三条尹子を以後「上様《うえさま》」と呼ばせている。このことは、これまでの将軍家正室の交替は、初めの正室が亡くなって以後であるのに、最初の日野家出身の正室（観智院）は健在であったのにもかかわらず、三条尹子を「上様」と呼ばせたという、異例の出来事であった。なぜなら観智院が亡くなるのは、義教の死（嘉吉元年〈一四四一〉）より後の文安四年（一四四七）であり、観智院は夫より長く生きたからである。薨《こう》じたとき、観智院には従一位が与えられている。義教の正室としての立場は揺るがなかったことになる。

よって義教が永享三年に三条尹子を以後「上様」と呼ばせるように命じたのは、義教の恣意《しい》から出た命令であったことになる。尹子が亡くなったのは観智院に遅れること二年の宝徳元年（一四四九）八月九日のことである。この人にも従一位が贈られたのは、義教が正室扱いを命じたからであろう。ただし正親町三条家の系図には、尹子（瑞春院）は「普広院（義教）妾」、異本には「普広院妻」と記されている点には注意しておきたい。「室」として扱われたのは、室町期だけであったのかもしれない。系図が作成されるのは、おおむね近世になってからであるからである。しかし尹子にも子が生まれなかったので、義教の後継者は、重子の生んだ男子義勝、ついで義政に決定する。

正親町三条氏と洞院氏

ここで義教の二番目の正室と側室を出した正親町三条氏について述べておこう。正親町三条氏は藤原北家《ふじわらほっけ》閑院流三条実房《さんじょうさねふさ》の三男公氏《きんうじ》（一一八二〜一二三七）を始祖とする公家である。公氏から四代下った公秀《きんひで》の娘秀子が光《こう》厳院《ごんいん》の妃となり、崇光《すこう》・後光厳両院の時代の国母《こくぼ》となって「陽禄門院《ようろくもんいん》」の女院号をもらったので、父公秀は文和元年（一三五二）内大臣に任じられる。以後公秀の子孫の男子は内大臣を極官《ごっかん》とすることになり、正親町三条家は三大臣家の一つとして繁栄するのである。公秀の四代後の当主は公雅《きんまさ》、その嫡子が実雅《さねまさ》で、実雅の姉妹が尹子とその妹「三条上臈」である。尹子は義教（普広院）の正室となったため従二位に叙され、「瑞春院」の法名をもらい、死後従一位を追贈《ついぞう》されたことになる。妹は系図では単に「普広院妾」とのみ記されている。その後戦国時代になると、正親町三条家の女子は関白藤原兼輔《ふじわらのかねすけ》の「北政《きたのまん》所《どころ》」（正室）になって従二位に叙された実望《さねもち》の姉妹や、伊勢貞陸《いせさだみち》の妻となった公綱《きんつな》の娘などを出すことになる。幕府吏員伊勢氏との婚姻関係が成立している点は、時代の流れを感じさせる婚姻例である。

一方、洞院氏の家祖は西園寺公経《さいおんじきんつね》の子実雄《さねお》であり、公家の名門であって、西園寺家の庶流という位置にあった。実雄の三人の娘吉子、音子、季子が、亀山《かめやま》、深草《ふかくさ》、伏見《ふしみ》天皇の妃となって、それぞれが生んだ後宇多《ごうだ》、伏見、花園《はなぞの》の国母となったため、この人も外戚《がいせき》として権勢を誇った。実雄から三代後の公蔭《きんかげ》の姉妹にも天皇の妃や側室また院や女院の女房となった女性が八人もあり、七代後の実熙《さねひろ》の生まれが応永十六年（一四〇九）であるので、その父満季《みつすえ》、子実熙の世代以後が将軍義教時代であったことになる。

足利持氏と関東の武将たち

義教の将軍職就任に最も抵抗したのは、鎌倉公方《かまくらくぼう》足利持氏《もちうじ》である。義教が足利家の後継者と決まった正長元年（一四二八）の五月に、早くも持氏は挙兵し、京都を襲う構えを見せたが、上杉憲実《うえすぎのりざね》に諫止《かんし》されている。しばらくは義教と持氏の関係は平穏であったが、永享十年（一四三八）持氏軍と幕府軍（斯波持種《しばもちたね》など）が合戦に入る。このとき幕府軍には「錦旗《きんき》」が天皇家から与えられ、義教自身軍を率いて持氏を討とうとしたが、管領細川持之《かんれいほそかわもちゆき》と山名《やまな》・赤松《あかまつ》氏ら幕閣が「堅く申し留め」（『看聞日記《かんもんにっき》』）たため、将軍自らの出陣はなくなった。のちに詳しく見ることにするが、激しい戦いは持氏軍と上杉憲実軍の間で行われ、翌永享十一年正月の持氏の自殺をもっていったん終息したが、持氏の子を担ぐ関東の武将たちの抵抗が続く。

足利持氏はかつて応永三十二年（一四二五）、義量が亡くなったとき（二月）、その跡を襲って将軍候補になることを望んだのであろう、義持の猶子になりたいと運動したが、義持が受け付けなかった（十一月）。こうしたわだかまりが、持氏をして義教時代を認めさせなかった理由であったと思われる。このように義教が最も警戒し、対抗心をあらわにして弾圧しようとしたのは、足利一族の持氏とそれに同意する関東の多くの武将たちだったのである。

不穏の時代の政治運営

義教が還俗して初めて直面したのは、八月の延暦寺《えんりゃくじ》西塔の僧徒による強《ごう》訴《そ》と北野社西京神人《じにん》の強訴であり、九月には幕府に徳政令の発布を要求する正長の土一揆《つちいっき》が起こる。その後土一揆は丹波《たんば》、伊勢《いせ》など畿内近国に波及しはじめ、また正長元年（一四二八）や永享初年には京都を初めとして畿内は激しい飢《き》饉《きん》・疫病《えきびょう》に見舞われ、多くの死者を出したので、赤松氏らの守護大名は下国を余儀なくされた。

図6　足利持氏の供養塔（別願寺）

義教が征夷大将軍《せいいたいしょうぐん》に補せられるのは、永享元年（一四二九）三月のことである。土一揆と飢饉・疫病などの社会不安が増大した時代に、籤《くじ》で将軍に選定された義教は、平穏な時代よりもなおいっそう、将軍としての手腕が試されることになる。しかし義教はこの不安定な時期に、諸

図７　猿楽の様子（興福寺修二会，『春日若宮祭礼絵巻』より，春日大社所蔵）

将の上に立つ姿勢を表し始める時期は遅く、十月になって初めて諸将を室町第に集めて執政する形を整えたにすぎない。

それに反して、猿楽《さるがく》や相撲《すもう》の観賞は、これより前から熱心であった。禁裏《きんり》では称光《しょうこう》天皇が亡くなり、後花園天皇の時代が正長元年から始まった。天皇と義教とは、義満・義持時代同様、猿楽や蹴鞠《けまり》、連歌などを好む点で共通の趣味を持ち、同じく室町文化を熱心に享受しているという共通点を持ち合わせていた。

永享二年、三条の邸宅に住んでいた義教は、室町第の作事を始め、青蓮院の大石を工事中の室町第に運ばせたり、会所を新築させたりしている。作事はその後も続き、永享四年には室町第小袖間の立柱がなされている。社会不安や関東との対立が続いているこの時代に、寺院にとっても迷惑な作事に熱中する将軍家の姿は、万民にとって芳しいものではなかっただろう。

守護大名に対して義教は、永享元年、甲斐《かい》前守護武田信重《たけだのぶしげ》に銭一万疋（一〇〇貫文）を与え、翌二年故赤松持貞《もちさだ》の子家貞《いえさだ》を近臣に取り立てたりしたことは肯定できる事項である。しかし同じく永享二年に、一色義貫《いっしきよしつら》を罰しようとして管領畠山満家《はたけやまみついえ》などに諫止されたり、幕府護持僧が義教の怒りに触れて出仕を止められたところ、幕府がこの人を許し護持僧に再度補任するなどの事件を起こしている。にわかに将軍となった義教は、好悪の情を極端に表出する性格の持ち主であったのであろう。しかし義教の恣意は、永享初年段階には、まだまだ管領や幕府要人たちによって制限されることもあったことがわかる。

義教の豹変

義教の姿が豹変するのは永享三年（一四三一）からである。この年七月、京畿の飢饉は深刻で、多くの民が死んでいった。それに加えて京都では春先から「大焼亡」が発生、「数十町」が焼け、上杉氏などの武士の邸宅も焼けている。

義教は相変わらず上皇と共に猿楽や松囃子《まつばやし》に興じ、幕府でも連歌や和歌を毎月催している。そして土一揆を起こす土民に対しては、三月の摂津《せっつ》多田荘の場合のように、丹波・摂津・播磨《はりま》三国の武士を派遣して、鎮圧する姿勢を堅持している。土民にとって義教は、武家の棟梁《とうりょう》としてまた将軍家として、敵対関係にある為政者としか見えなかっただろう。

義教の寺社弾圧が始まるのもこの年の五月からであり、相国寺《しょうこくじ》の僧四十余人を捕らえさせた義教は、張本僧三人を追放するが、その理由は「兵具所持」がけしからぬというものであった。この事件を幕府が検知したが、『看聞日記』は「厳密之御沙汰」と述べているので、処罰は義教が命じたことであったことがわかる。

八月、義教は大和の筒井氏と箸尾《はしお》氏の闘いに割って入り、義教は箸尾氏討伐を決定、しかし畠山満家・細川持之・山名持熙《もちひろ》らは義教を諫止し、一方で箸尾氏を諭して兵を引かせたので、このときはいったん合戦は終息した。同じく八月、義教は怒って政所執事伊勢貞経の職を解き、弟貞国《さだくに》に家を継がせた。幕府の吏僚《りりょう》にも怒りの矛先を向けたのである。十月には土倉方衆中《どそうがたしゅうちゅう》に命じて、北野社松梅院禅能の加賀や和泉《いずみ》、美作《みまさか》、山城《やましろ》、河内《かわち》にある質地《しっち》を、武家遊佐《ゆさ》氏と木沢《きざわ》氏を使って取り上げ、光聚院に渡させた。

公家に対しては、二条持基《にじょうもちもと》に対し丹波賀悦荘《かやのしょう》を直務《じきむ》（直接支配）することを認め、一《いち》条兼良《じょうかねよし》の子教賢は義教の猶子《ゆうし》として宝池院に入寺した。反対に中御門《なかみかど》俊輔、土御門資家《つちみかどすけいえ》は義教の怒りに触れて所領を没収された。武士に対しては十月、小倉宮の月額御用度を武将たちに課している。天皇家の子孫に渡す月給を武士たちに掛けたのである。こうして士民から寺社、公家、武家に対する恐怖政治が始まった。この永享三年という年は、奇しくも三条尹子が日野氏の娘に代わって「上様」と称されることが求められた年である。

公家と寺社への圧力

永享四年（一四三二）以後の義教の政治は次のようなものである。永享四年七月、将軍義教は内大臣に任じられたので、公家の官職を兼ねたことが、天皇家との関係をいっそう緊密にし、また義教に公家を圧迫する力を持たせることにつながった。天皇家との関係では、室町第の作事を行う傍ら、仙洞御所《せんとうごしょ》の対屋《たいのや》を新造（永享四年十一月）したり、義教不在中の禁裏・仙洞警護を、幕府が禁裏は三条氏に、仙洞は大炊御門《おおいみかど》氏に命じているのは、義教が内大臣に任じられたことに起因するが、義教はそれ以上に公家を家臣化し始めたかのような印象を受ける。

その他の公家に対しては、大外記《だいげき》舟橋業忠を自らの家司《けいし》とし（永享四年六月）、広橋兼郷《ひろはしかねさと》に日野家秀の家督を継がせて日野を称させ、広橋家は兼郷の子綱光《つなみつ》に継がせるという強引な継承を命じている（同年十月）。このとき広橋家を継承したのは「二歳」の綱光であったので、公家社会に動揺を生じている。将軍家が公家社会に入り込むことは義満時代から顕著になるが、義満時代はその財力にものをいわせて、将軍家が公家を抱え込むようなかたちで公家文化を摂取し武家文化に取り入れていったのだが、義教のやり方は、力ずくで公家社会に介入し、命令を聴かせるという強引なやり方であった点で異なる。

寺社に対しても、義教時代には寺社間の裁決は幕府が行うことがほぼ慣例化したことは是認されるとしても、永享五年七月から十二月にかけて延暦寺の強訴に怒った義教が、怒りに任せて僧侶を呪詛《じゅそ》させたり放逐《ほうちく》したりし、挙げ句の果てには武将たちに延暦寺衆徒《しゅと》を攻撃させたので、延暦寺や南禅寺《なんぜんじ》などの大寺社との対立を抜き差しならぬほど深める結果を招いている。

「上様」三条尹子との夫婦仲

このように永享四、五年には義教の恐怖政治は本格化するのだが、義教と「上様」三条尹子との夫婦仲は良く、花見や伊勢参宮に揃って出かけるなど、ほほえましい姿を史料に残している。将軍家の夫婦仲が円満であったことの反映であろうか、永享四年（一四三二）十月には、「希代珍しきことか」（『看聞日記』）といわれた女猿楽の勧進《かんじん》興行が烏羽で催され、六三間の桟敷《さじき》の周りを多くの群衆が取り巻くという大イベントが、「殊勝」と讃えられたかたちで挙行されている。

永享六年になると、正月に三条尹子の春日参詣が輿三〇丁を連ねて華やかに行われた。この行列を見た伏見宮貞成親王《ふしみのみやさだふさしんのう》は「行粧言語道断」とやんわりと批判している。二月九日義教の男子義勝が誕生した。義教にとって最初に生まれた男子である。母は義教の側室日野重子であった。当年四十一歳の将軍義教にとって、待望の嫡男誕生である。義教自身は義勝の誕生を知って、伊勢大神宮参詣を延期しているので、喜んだことは間違いなかろう。『看聞日記』は、日野（裏松）義資《よしすけ》は近頃「籠居《ろうきょ》」を義教から命じられていたので、重子（「本御台妹」）から嫡子が生まれたのだから「眉を開くべきか」と、日野家が復活するだろうと見て、「凡天下之大慶公方之慶賀、尤珍重云々」と、貞成親王を含めて世間では誕生を歓迎していたことを伝えている。右の『看聞日記』の書き方から見ても、重子は「本御台」の妹で、この姉妹は系図に見える日野義資の「兄弟」であるから、「本御台」は重子の姉の法名「観智院」であったと確定できる。貞成親王はこの日、三条氏と共にお祝いに駆け付け、馬と剣を進呈している。ところが義勝の誕生を喜んだ義教以外の人々に、思わぬ災厄がふりかかる。

天魔の所行

誕生から五日後の二月十四日、京都で東西六町余南北一四町余にも及ぶ「大焼亡」が起こる。その後判明したのは驚くべき事実であった。日野義資邸に参賀に駆け付けた人々を、かねてより義教は人を遣わして「交名《きょうみょう》」を書かせて注進させ、「もってのほか」立腹し、「厳密の沙汰に及」んだというのである。その沙汰とは御室・相応院と九条前関白・西園寺・花山院の公家衆には「御切檻《せっかん》」、頭弁《とうのべん》忠長朝臣は所帯を召しはなされ家も没収、長郷朝臣は所領没収、西園寺氏も所領没収、石清水八幡宮の田中氏も所領を没収され、社務善法寺《ぜんぽうじ》氏にそれが与えられたので、田中氏は逐電《ちくてん》したという。南都興福寺《こうふくじ》の人々も「生涯（害）」に及んだという。その他相国寺主、鹿王院主、慈斎院前主芳庵和尚も逐電している。綾小路有俊は所領を注進され、陰陽頭《おんようのかみ》有清も所領を没収された。総じて公家・社家・僧俗の「六十人余」が日野家に参賀に訪れたが、所領を書き上げられて逐電したものがほとんどであるとされる。この事態に対し貞成親王は、「凡《およそ》天魔の所行か、ただ事にあらざる御陸梁《りくりよう》云々」と批判した。陸梁とは気ままにふるまうさまをいい、義教の勝手気ままな厳罰を批判していることがわかる。

二月二十二日、騒動はまだ続き、義教は洞院満季《とういんみつすえ》から左馬寮《さまりよう》領を没収し、今出川菊寿丸（教季《のりすえ》）にこれを返している。その理由は、洞院氏の妹で義教の側室であった「西御方」が三条尹子の妹を嫉妬したためであるという。洞院氏の妹は追い出されて実家に帰され、兄の洞院氏は自害している。のち、この側室は義教の命で二条持通《もちみち》に嫁させられた。洞院氏兄妹は、思いもよらぬ事件で大きな被害を被ったのである。

受難者たちの記録

『看聞日記』三月九日条などには、日野一族やその他の人々の受難の様が詳しく記されている。裏松（日野）氏などの公家衆のうち、義教から「突鼻《とつび》」（勘当・譴責）された人々は以下のとおりである。「日野一品禅門」（日野義資）は逐電、公久朝臣父子は追放逐電、前関白も「御中違」、忠長朝臣は「告文《こうもん》」（神に告げ奉る文）を書かされ今後訴訟しないと誓わされ、惣領に扶持《ふち》されるよう命じられたという。光範門院は日野西資国の娘で後小松天皇の後宮に入った人だが、この人は健在であるのに、彼女からもらった所領も召し上げられた。光範門院は所領を所々に所持していたほか「魚之貢」として「月宛三十貫」などを「当知行」しているから（三月十七日条）、月宛といわれた月々の公事収入も女院《にょいん》の個人収入であったことがわかる。観智院や重子の兄日野義資は、この三ヵ月後に「盗人」に殺され「横死《おうし》」（非業の死）してしまう。三十八歳の若さでの死であった。このように、公家のうち、日野一族に対する義教の処罰は厳密を極めた。貞成親王が「散々の御事云々」とあきれるほどであった。

四月、義教は前興福寺別当一乗院門主昭円を逐《お》い、その後釜に幕府は鷹司《たかつかさ》房平《ふさひら》の子教玄を据える。そして勧修寺《かんしゅうじ》長吏教尊《きょうそん》と妙法院明仁法親王が義教の怒りに触れて逐電している。

恐怖政治と日明貿易の富

ここまでは公家、寺社に対する恣意的な弾圧であり、武家は対象外のように思えるが、五月以降武士階級にも恣意的な負担が増大し始める。義教は将軍職就任以来、法会《ほうえ》を主要寺院のほか、室町第でも行うようになっていたが、五月七日、室町第で金剛童子法を、伊勢貞国（義勝の傅役《もりやく》）邸で不動法を修し、大神宮・石清水八幡宮・賀茂《かも》・春日・日吉・北野の六社に祈禱を行わせ、その費用を武家諸将に課したのである。武家にとっては、関東府との対立などに軍事行動を強いられる以外の、新たな負担増である。

五月二十一日、遣明使《けんみんし》僧道淵《どうえん》などが、明の使節雷春《らいしゅん》を連れて帰朝したので、義教と「上様」尹子は兵庫に赴いてその船を見物している。雷春は六月五日室町第で義教に閲し、

「辛櫃五十合」「鳥屋十籠」「鷺眼（宋銭）三十万貫」を献上した。進物の道すがら、輿に乗った官人や騎馬の雑人六、七百人が馬上で楽を奏すという姿で行進したので、数万人の群衆が見物し、貞成親王は「希代之見物也云々」と日記に記している。日明貿易に伴う将軍家への献上銭は、義満時代と同様に、莫大なものであったことがわかる。

この雷春の謁見の奉行は、裏松家が厳罰に処されていたので、日野家庶流の広橋家が務めた。謁見のために出仕した「源宰相」庭田《にわた》氏によると、金襴、緞子《どんす》、盆、香合《こうごう》、絵、花瓶、香炉、「涼轎《りょうきょう》」（小さい駕籠《かご》）、「日照笠」、良薬などさまざまな「珍物」が、銭や唐《から》櫃《びつ》以外にもたらされたので「驚いた」という。雷春と共に明人の医者が来日したようで、その医者に、義教は、このころ病に伏していた三宝院満済を診察させている。遣明使に関して幕府は、六月十九日、瑞書記を流罪にし、使僧道淵が恣《ほしいまま》に輸出品の硫黄《いおう》を山名時熙に与えていたとして、責めて流刑に処し、ついで硫黄を海外に輸出するのを禁じるのである。

恐怖政治と嘉吉の変

日野家一族の受難

六月九日、事件が起こる。裏松家に強盗が入り、主人裏松（日野）義資が刺し殺され、傍で寝ていた若者（畠山氏一族の青年）も同じく殺された。義資の所領は幕府の処置として、その従兄弟烏丸資任《からすまるすけとう》に宛行《あてが》われた。誰の仕業とも知れなかったが、「公方様（義教）が密かに仰せ付けられたからではないか」との噂が立ったので、貞成親王はこのことをあれこれいってはならないと考えて、日記に記したところ、案の定義教は「この事件について申すものがあれば同罪だ」と言った。「公方様の命令では」と疑ったのは「藤宰相」高倉永藤《たかくらながふじ》であったらしいことが、永藤への処罰でその後に判明する。十二日、永藤は硫黄島《いおうじま》に流され、その所領一ヵ所は没収されて、三条公冬《きんふゆ》に与えられる。義資の子政光（重政と改む）は遁世《とんせい》し、禅僧になった。日野家の義資について系図は「永享六六九横死」「三十八歳」、政光について「永享六、出家」と記している。日野家一流がたちまち跡を削られたこの不幸な事件について、貞成親王は「不便々々」と述べ、「指したる重科に非ず、公方御事荒言《こうげん》（放言）申すによって此の如く重罪に処」せられたのは「前世の宿業」かと無力感に浸ったことを書き記した。

義教時代に、日野氏はこのように大きな打撃を将軍家から蒙った。将軍家嫡男の誕生という大きな慶賀すべき事件は、義教によって日野氏一流をはじめ多くの公家や寺社、また少しでもかかわりのある武家や、公方を疑った公家まで容赦なく重罪に処された。逆に正室三条尹子を出した三条（正親町三条）家は厚遇された。義教の正室観智院を出した日野家と義勝の生母重子にとっては、まさに天から降って湧いたような不幸であったに違いない。

大寺社への弾圧強化

七月、寺社に対する弾圧が再開され、相国寺の僧と建仁寺《けんにんじ》の僧が大路を渡され（引き廻され）、六条河原で斬首されるという事件が起き、八月には延暦寺の僧が鎌倉府と通じて義教を呪詛したとして、幕府は近江守護六角《ろっかく》氏と京極氏に所領没収を命じ、それに対抗して延暦寺衆徒は十月、神輿《みこし》を鴨河原に棄てて帰っている。両者の対立は翌永享七年（一四三五）五月まで続き、武士対延暦寺の合戦になり、坂本・根本中堂《こんぽんちゅうどう》が焼かれ、首謀者は伊勢や平泉寺《へいせんじ》（越前国）にまで探索の手が延ばされて斬られ、延暦寺の敗北で終わっている。

永享六年の十一月、興福寺大乗院領四八ヵ所に対し、幕府は「渡唐段銭」を課したので大和を中心とする興福寺領の土民は反対一揆を起こした。

永享六、七年の記事を調べると、貞成親王に対しては一条東洞院に新邸を造るなど、気遣いを見せることもあったが、右のように義教の極端な怒りによって引き起こされた大事件が連続したことが知られる。義教がまさに万人に対して恐怖感を与える政治を行っていたことがわかる。その中でも特に義教に敵視されたのは、公家日野家であり、大寺社であったこともわかった。

なお永享六年には、義教の子として、赤松一族の娘「宮内卿」を母とする男子と、のちに堀越《ほりごえ》公方《くぼう》となる政知《まさとも》が生まれているが、これらの誕生時にはなにごとも起こっていない。「宮内卿」の出産のときの御産所は同族赤松伊豆守の館であった。

義教の子どもたち

永享八年（一四三六）正月、足利義政が生まれる。母は日野重子である。このとき貞成親王は「母北向裏松妹、嫡子二男同腹、幸運之人か、繁昌珍重也」と記している。貞成親王は、日野家がこれ以後復活することを予感し、喜んでいることがわかる。誕生後義政は、足利将軍家の慣習どおり伊勢貞国邸で養育されている。

なお永享十一年に生まれた義視《よしみ》が、義教の命令で、義教お気に入りの正親町三条実雅邸で養育されたことは注目される。義教のこの正親町三条家への贔屓目《ひいきめ》は、尹子の妹三条上﨟が、義勝・義政という二人の男子を産んだ日野（裏松）氏を呪詛したとの噂まで生んでいる（永享十一年冬）。公家社会を分断して反目させた張本人は、将軍義教その人であったことが、義勝誕生時に次いで再び明らかになる。

永享八年二月、義教の男子を「小宰相」が生んだがすぐに亡くなった。その月には義教は関白二条持基、中御門俊輔、冷泉為之《れいぜいためゆき》の三人に怒りの矛先を向け、所領を削っている。公家に対して幕府は、十月、伝奏《てんそう》広橋兼郷《かねさと》の職を解き、中山定親《なかやまさだちか》をこれに替え、兼郷の所領は没収されて、中山定親や正親町三条実雅などに分け与えられた。尹子には屋敷に浴場を建設してやっており、その実家正親町三条氏の屋敷へは、義教がしばしば訪問するなどしている点からも、義教の公家に対する好悪の情は尋常ではなかったことがわかる。

永享八〜十二年の五年間に、義教はまず永享八年、公家に対して広橋氏を伝奏から追放して所領を削ったあと、楽人豊原氏の所領を没収し（永享十年）、また鷹司氏の所領を没収して正親町三条実雅に与えている（永享十二年）。日野家一族はあいかわらず不遇であり、日野町資広《ひのまちすけひろ》は権大納言《ごんだいなごん》職を取り上げられ、その職は庭田重有《しげあり》に与えられたが、重有はその日のうちに出家し、ついで亡くなっている（永享十二年）。資広は町（烏丸）資藤の子で、この年六十歳である。

尹子からは子どもが生まれなかったが、尹子の妹で義教の側室となっていた「上﨟《じようろう》」には永享九年子が生まれた。その上男子であったので、多くの人が三条邸に参賀に訪れている。貞成親王は「諸人群参鼓操極まりなし云々、上様（尹子）御子なし、無念之処御妹幸運殊更若公之間、家門光栄大慶誠に以って察せらる者也」と記している。「若君」と記されているので、おそらく生まれた子は男子であったのだろう。しかし義教の男子として は三番目の子であった。そのためか、あるいは大きくなるまで育たなかったのか、永享十一年、この三条上﨟が日野（裏松）氏を呪詛したとの噂が流れたのである。

相次ぐ武家討伐と武将たち

この五年間に発生した最も大きな事件は、大和で永享九年（一四三七）から起こった義教による越智《おち》・箸尾氏討伐が、義教自身は出陣を宿老《しゆくろう》たちに諫止されたので、幕府諸将のうち細川・畠山・山名氏との合戦に発展し、その過程で多武峰《とうのみね》の堂舎仏閣が焼けてしまったこと（永享十年）と、関東で「永享《えいきよう》の乱《らん》」が起こり、足利持氏方と上杉憲実方に関東の武将たちが分かれて大きな内乱になったことである。大和の事件は永享十一年三、四月に越智氏、箸尾氏の首が六条河原に曝されて終わり、嘉吉元年（一四四一）五月、義教は持氏の子を斬らせ、持氏方の結城氏など諸将の首二九を六条河原に懸けさせる（『看聞日記』）という厳しいかたちで、この乱を終息させている。

しかし武将たちに命じて出陣させるというスタイルの義教の武士や寺社への討伐戦は、このころになると、武士間に大きな反発を生じさせ始めた。永享十年の諸将と多武峰との闘いに出陣したのは、細川・畠山・山名三氏のみであり、「自余の諸大名合力せずと云々」（『看聞日記』八月二十九日条）というありさまであった。同時期に進められていた関東の足利持氏討伐戦で錦旗《きんき》が天皇から幕府に与えられ、斯波持種らがこれを奉じて東国に向かったのは、相次ぐ出陣で守護・国人《こくじん》領主層は疲弊しきっていたために、錦旗を拝領する必要があったのだと考えられる。言い換えれば将軍義教の武士階級に対する気に入らない者への討伐政策こそが、関東のみならずすべての武士階級への重圧となっていたためであろう。

永享十年九月、右のように天皇家から「錦旗」が幕府に下されたのは、天皇家に対し庇護者としての姿勢を崩さず、貞成親王には一条東洞院に新築の邸宅を造り、猿楽・連歌・舞楽・松囃子などを天皇家と共に愛好した義教に対して、天皇家はその政策に賛同するしかなかったためであろう。

恐怖政治の最高潮

義教は武将たち（守護大名たち）を、右の内乱や武力蜂起を討伐させる手段として使った。その過程で命に従った武将の中でも、気に入らない武将を殺し、その所領を諸将に分与するという、武将に対する恐怖政治が永享の乱中の永享十二年には一段と厳しくなる。九月にその標的になったのは、一色義貫と土岐《とき》持頼《もちより》である。永享年間に義教ににらまれ命を落としたのは、これらの武士のほか、大覚寺《だいかくじ》義昭《ぎしょう》をはじめとして枚挙に遑がない。特に永享十年三月赤松満祐《あかまつみつすけ》の家人三人を義教が殺害し（三月）、赤松満雅（満祐の弟）の所領を没収して満祐、貞村と細川持賢《もちかた》に分け与えたのは、先述の一色氏と土岐氏を殺させたとき、一色義貫の所領を義教が諸将に分与した（永享十二年五月）事実へと繋がっており、武士階級の所領に対する所有権の侵害であると捉えられたであろう。没収地は一族の者に返付されるのがこの時代、一般的な慣習になっていたから、義教の恣意は極端な事例と世間で捉えられたに相違ない。

そのほか、義教によって侍女六条氏は流罪、その父六条有定は所領を削られた（永享十二年）。相国寺の僧は室町殿の侍女「小弁《こべん》」に密通したとして殺されている（永享九年十一月）。

右に述べたように、武士・公家・寺社と、飢饉や火災などの社会不安に見舞われた土民たちという幅広い階層に対し、義教の憎悪は向けられたことがわかる。義教の人物像を知ろうと、ここまで調べてきたが、室町将軍でこれだけ万人に恐怖感を与えた将軍が政治を握っていたことに、改めて驚き、政権担当者を間接的にでも民衆が選ぶことができる時代になったことの喜びを噛みしめている。

嘉吉元年（一四四一）の年頭から義教の恣意的行動はさらに激しくなった。正月、義教は河内など四ヵ国守護であった畠山持国《もちくに》を斥け、異母弟持永《もちなが》に畠山氏を継がせるという強引な処置を行う。この事件の始まりは、永享の乱の討伐に向かえと義教から命じられたにもかかわらず、出兵を渋ったためだという。持国は「面目を失い没落」した（『看聞日記』）。二月には、伊勢氏との確執で伊勢氏に悪口を浴びせたと聞いた義教は、それだけの理由で、東忠右の首を刎《は》ねている。四月、前大僧正大覚寺義昭の首が京に届くと、義教は首実検をし、「庶母大炊御門氏」が参賀しないのを怒って所領を奪うのである。

永享の乱の終息

四月には永享の乱も最終段階に入り、結城氏朝など持氏方の中心メンバーが戦死し、持氏の三子が捕縛される。鎌倉府執事上杉清方《うえすぎきよかた》から戦勝の報告が義教のもとに届くと、五月、義教は結城氏などの首二九（『看聞日記』）を六条河原に曝《さら》すのである。さらに持氏の三子のうち二子を斬らせ、その首を義教は実検している。二子の傅《もり》小山氏は六月に六条河原で処刑された。永享の乱はこうして終息を迎えた。

六月十八日、加賀守護富樫教家《とがしのりいえ》が義教の怒りに触れて出奔《しゅっぽん》した。すると幕府はその封《ほう》を奪い弟泰高にこれを宛行った。義教の弾圧は永享の乱が終わった後にもかかわらず、武士階級に厳しく向けられていたことがわかる。六日後の六月二十四日に勃発したのが、赤松満祐邸で将軍義教が弑逆《しいぎゃく》されるという嘉吉《かきつ》の変《へん》である。

嘉吉の変、勃発

この変の詳細は貞成親王の筆致によって知ることができる。赤松邸での饗宴で、「一献両三献」のあと猿楽が始まったころ、邸内が騒がしくなり義教が「何事か」と尋ねたところ、同行していた公家の三条氏は「雷鳴でしょうか」と言っている。そのとき障子《しょうじ》を引き開けて武士が数人現れ、義教を討ち果たした。三条氏は引出物に義教の前に置いてあった太刀を取って切り払ったが、「金覆輪《きんぷくりん》」の実用に適さない太刀であったためであろう、転倒して切り伏せられ、山名、京極、土岐三氏が討死し、細川、大内両氏は傷を負って退いた。管領細川持之、一色五郎、赤松伊豆守は逃走し、その他の人々は右往左往して逃散《ちょうさん》している。公方義教が討たれたその前で、「腹切る人無し」という有り様だった。赤松氏は京を離れて落ちていったが、追いかけて討つ人はなかったと記す。

この変について親王は次のようにコメントする。赤松をすぐに討伐しようとする人が出てこなかったことから、「諸大名同心か」と、大名たちも赤松氏と同じく義教の恣意に敵意を持っていたらしいことを述べ、この変の原因は、赤松氏が将軍に討たれるという「御企て」が露見したので、「遮りて」先に赤松氏が義教を討ったのだろうと推測している。

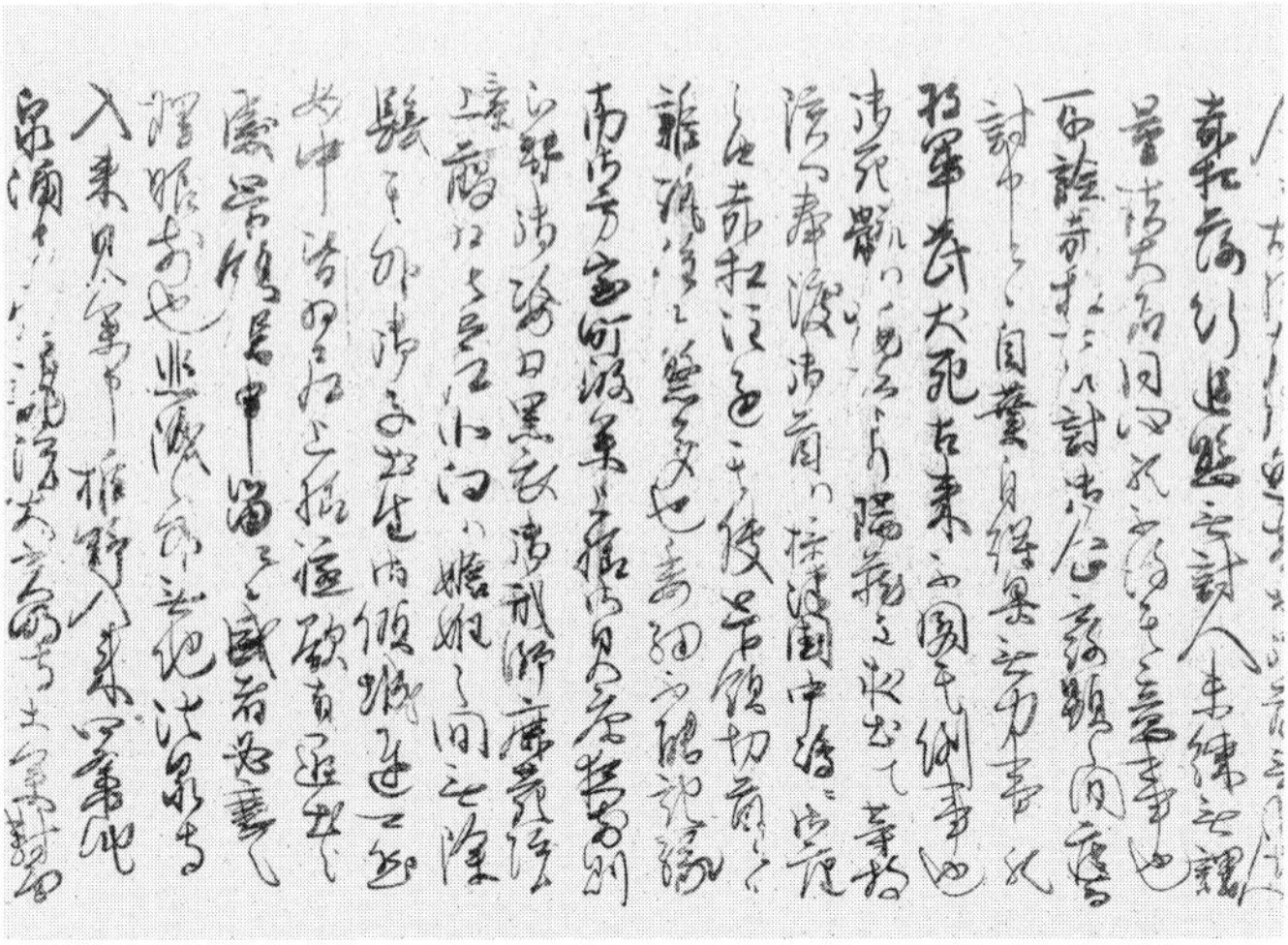

図８　『看聞日記』嘉吉元年６月24日（宮内庁書陵部所蔵）

よってこのような将軍の無惨な死は「自業自得果して無力の事歟」と、義教の死を「自業自得」と評したのである。そして「将軍此の如き犬死、古来其例を聞かざる事也」と締め括った。

貞成親王の見方は当を得ていると思う。右に述べたように、義教の武家・公家・寺社に対する恐怖政治は、常軌を逸していた。義教個人の好悪の情が、公方の常識、世間一般の常識を大きく狂わせていた。したがっていつかその政治に歯止めをかける事態が生じるだろうことを、この時代の人々は感じていただろう。

管領執政による事態の収拾

義教正室三条尹子はすぐに黒衣を纏《まと》って喪に服し、その妹三条上臈やしかる

図9　細川持之（弘願寺所蔵）

べき側室たちは、懐胎《かいたい》している「北向」（重子を指すと思われる）を除き、皆尼となった。義勝・義政は伊勢氏の宿所から室町第に移り、寺院に入ったその他の男子は鹿苑院《ろくおんいん》に置かれ警護が付けられた。義勝が成人するまでは、管領が政治を執り行うと決まる。

ついで「武家の内、突鼻されていた人々は皆許す」と管領細川持之が決定し、その一方、義教を殺した赤松討伐軍が編成される。討伐対象となった赤松満祐は、足利直冬《ただふゆ》の孫義尊《よしたか》を奉じて京都を攻めようと動いたが、備中守護細川持常の家臣が義尊の弟の首を取って京都に送ったので、幕府は諸国の関に通達して、義尊の檄《げき》を伝える者を捕らえさせている。その後、綸旨《りんじ》をもらった幕府軍は、七、八、九、閏九月の四ヵ月をかけて、満祐やその弟義雅、満祐の子息教康など赤松一族と、それに呼応し義教を討った張本人安積行秀《あずみゆきひで》などを討ち取り、首謀者の首を四条河原や六条河原に曝した。

この討伐の論功行賞で、播磨守護職は山名持豊《もちとよ》（宗全《そうぜん》）に与えられた。ただし赤松一族中の満政（則房）には変後播磨三郡の守護職が与えられるが、満祐を討ち取った山名一族には、持豊に播磨（三郡を除く）、教之に備前、教清に美作守護職が与えられたのに比べれば、現職将軍家を討った代償は大きかったといえよう。

赤松満祐の胸中

赤松一族中の男性は幕府政治機構の中で、守護職に就いたり、侍所所司に任じられたほか、御相伴衆《ごしょうばんしゅう》や番衆（一番衆）に加えられていた者が多かった。南北朝期以来、将軍家の信望を集めてきた一族であった。にもかかわらず、義教に弾圧される対象は、次は赤松一族であると赤松満祐らが考えた理由は何だったのであろうか。渡邊大門氏は『赤松氏五代』（ミネルヴァ書房、二〇一二年）の中で、永享五年（一四三三）の延暦寺強訴の理由に満政が賄賂《わいろ》を受け取って山僧に便宜を与えたことや、永享九年と十二年に義教が満祐と義雅の所領を没収しようと考えたり、実際に義雅の所領を没収したことをあげている。赤松氏と将軍義教の間に反目が高まっていたことは確かであろう。しかし義教の死に対し逆に赤松氏に同情が集まった背景を考えると、あらゆる階級が義教の政治に反発していたこと、特に嘉吉元年（一四四一）正月に義教が畠山持国を斥け、弟持永に畠山家を嗣がせたこと、四月から六月にかけて結城氏朝や足利持氏の二子などの首を曝したこと、加賀の富樫教家が義教の怒りに触れて出奔し、領地は弟泰高に与えたことなど、義教が武家社会全般に対して恣意的な処罰を断行した点にあったのではないかと考える。

義教の死と、幕府・管領の「義教の怒りに触れた者を許す」との政策転換により、日野町資広は長講堂伝奏に補され、畠山持国も許され、所領を回復した。足利成氏も許されたが、赤松討伐最中であったため、京の土岐邸に置かれている。こうして義教時代は終わり、幕府も人心もようやく平常心を取り戻した。

土民蜂起と天下一同の徳政令

思えば義教は将軍家の跡を継いだ直後に正長の土一揆という「日本開《かい》闢《びゃく》以来」「土民蜂起の初め也」といわれた大土一揆に見舞われた。そして嘉吉の変で赤松氏に討たれ「犬死」と称された嘉吉元年の六月以後、幕府が赤松満祐父子討伐に、天皇の綸旨まで出してもらって追討に苦労している最中に、九月、「数万」の土民が蜂起するという室町期最大の土一揆が京都に出現する。このとき、土民たちは将軍義教の死を代替わりの好機と見て、「代始に此沙汰先例也」と徳政令発布を要求した。正長のときは将軍家と天皇家の両方で義教と後花園天皇への交替がなされたから、代始めは文字通りであったのに、このたびは天皇家の交替はなく、義教の横《おう》死《し》で次の将軍を必要とする時期であった。にもかかわらず幕府が九月に「一国平均徳政令」を、閏九月に「天下一同の徳政令」を出し、室町期で最も完璧な徳政令を発布せざるをえなかったのは、義教の圧政をじっと観察しつつ耐えていた全国の土民たちの蜂起が、義教の政治に終止符を打った最も大きな要因であったように思えてならない。

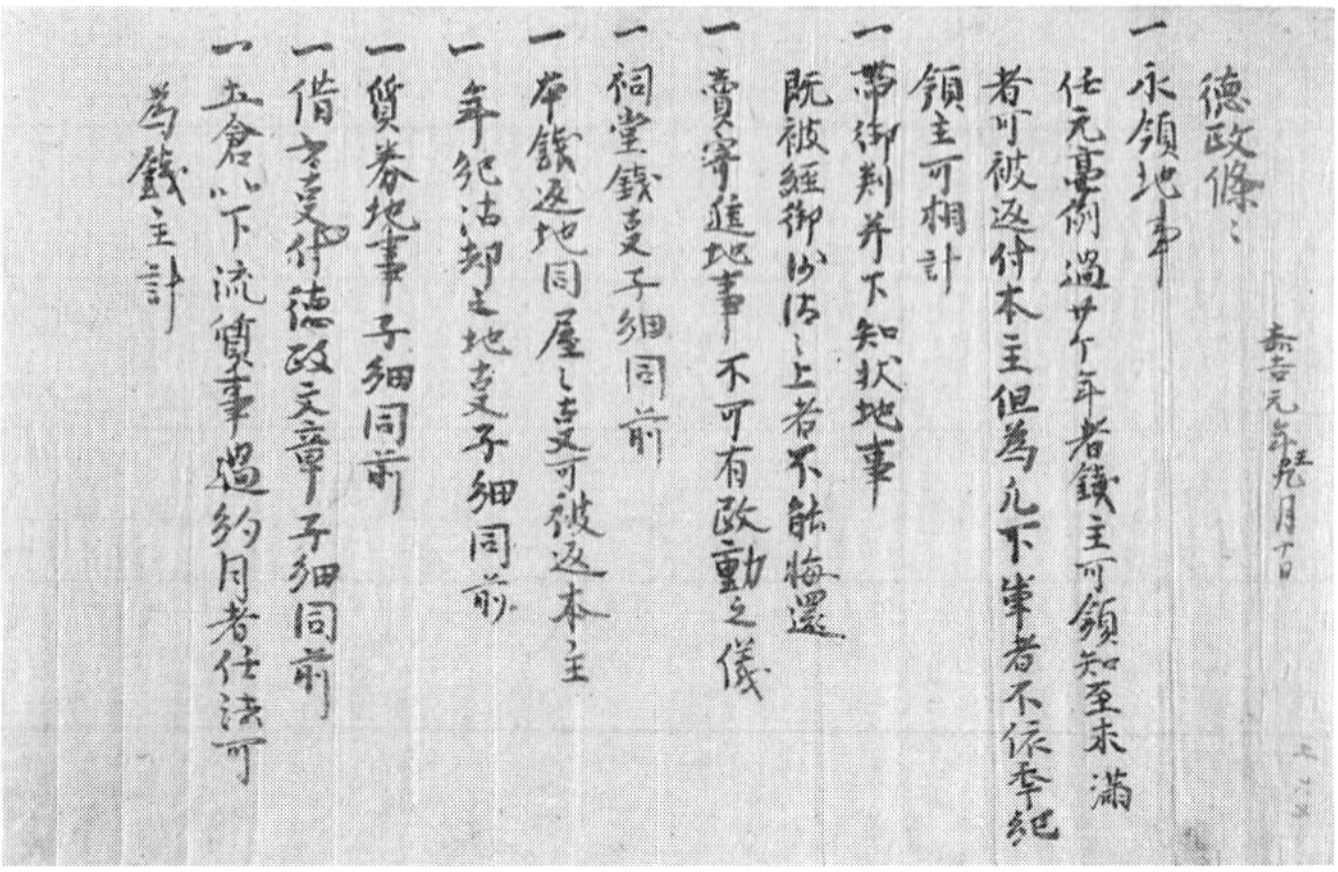

図10　嘉吉徳政令（『東寺百合文書』ユ函67，京都府立京都学・歴彩館　東寺百合文書 WEB より）

将軍直属軍としての奉公衆

それにしても足利義教が関東に軍勢を派遣し、政敵を力でねじふせることができた最大の要因はどこにあったのだろうか。その力の源は、奉公衆（番衆《ばんしゅう》）を組織できていたからであると思う。奉公衆とは将軍に近侍した御家人《ごけにん》をいい、五番に編成されていたので「番衆」とも呼ばれる将軍直属の臣下御家人である。平時は将軍の身近に伺候《しこう》し、御料所の代官職などを与えられ、事が起こると将軍の命令で軍勢として派遣された。奉公衆の出自は守護の庶流や守護配下の国人領主、それに加えて伊勢氏・大館《おおだち》氏などの幕府吏僚層から成っていた。将軍の側近く仕える任務があったことから、将軍家との主従関係は強く、また守護一族を牽制する役割も期待されていたのである。奉公衆の活躍は足利義満時代の明徳の乱から顕著になる。したがって義教の恐怖政治を成り立たせた陰の力は、この奉公衆を義教が自在に操ったからであったと考えられる。

足利義政青年期の幕府政治

足利義教の横死のあと、嘉吉二年（一四四二）十一月、義教と日野重子との間に生まれていた義勝が征夷大将軍に任じられる。このとき義勝は九歳であった。ところが義勝は将軍就任後八ヵ月の嘉吉三年七月二十一日、赤痢《せきり》で亡くなってしまう。

将軍不在期を支えた管領たち

後南朝《ごなんちょう》の小倉宮が亡くなり（三年五月）、憂いの一端が消えたかに見えたが、九月、後南朝の皇族尊秀王《たかひでおう》が日野有光《ありみつ》と謀って神璽《しんじ》・宝剣を奪って延暦寺根本中堂に拠るという事件が勃発する。この事件は、延暦寺衆徒が尊秀王や日野有光を殺して乱を平定したことで一段落するが、乱に加担したとの疑いで、有光の子息日野資親《すけちか》、勧修寺教尊や相国寺の僧らが捕らえられ処刑された。『看聞日記』は尊秀王に加担した人々を

図11　足利義政（東京国立博物館所蔵）

「与力之悪党数百人」と記している。

こうして後南朝の動きが慌ただしくなる世情の中、将軍不在が六年間続く。足利義政が第八代将軍に決まるのは、宝徳元年（一四四九）四月のことである。この六年間の政治を引っ張ったのは管領をトップとする幕府であった。

嘉吉二年から応仁の乱が始まる応仁元年（一四六七）までの管領をあげておく。

一四四二～四五　畠山持国（四十五歳～四十八歳）
一四四五～四九　細川勝元（十六歳～二十歳）
一四四九～五二　畠山持国（五十二歳～五十五歳）
一四五二～六四　細川勝元（二十三歳～二十五歳）
　　　　　この間一四五五年に持国死去。
一四六四～六七　畠山政長（二十三歳～二十六歳）

文安元年（一四四四）から宝徳元年（一四四九）四月に義政が征夷大将軍になるまでは、畠山持国と成人したばかりの細川勝元が管領職に就いていた。その間幕府は寺社間の訴訟を裁決し、内裏造営段銭《たんせん》

図12　細川勝元（龍安寺所蔵）

や造内宮役夫工米を諸国に課し、京では酒屋に軒役、日銭屋に十分一役を掛け、土倉が火災に事寄せて納税を拒否するのを禁じている。つまりこの期間は地震・飢饉・疫病・火災などに見舞われたが、幕府の威令は全国に及び、そのおかげで税収もほぼ安定していたからである。

安定的に維持された幕府財政

そのことを証明するのは『蜷川《にながわ》家文書』に残る酒屋役に関する史料である。室町期の京都には酒屋が三二七ヵ所もあった。そのうちこのころ加わった「新加之酒屋」は二五ヵ所であった。これらの酒屋に対して一ヵ所ごとに二貫八〇〇文、新加の酒屋は半役（半分の一貫四〇〇文）として、公事銭《くじせん》が幕府から課されている。そして合計八八〇貫六〇〇文が徴収されたという。右の合計の公事銭の額から見て、三二七ヵ所の酒屋と二五ヵ所の新加の酒屋にそれぞれの公事負担額を掛けると、ぴったり八八〇貫六〇〇文になるのである。つまりすべての酒屋から公事銭は完納されたことになる。酒屋役として課された多額の公事銭の額から、政治的には大きな変動期であるのに、経済的には幕府収入はほぼ安定的に確保されていたらしいことが窺える。

ではこのように多額の安定的収入である酒屋役などの公事銭は、どのように使われたのであろうか。その一端を明らかにする史料が一点存在する。嘉吉元年十二月から二年二月

表３　嘉吉元年12月～２年2月，公事銭の使途

費　用	項　　目
嘉吉元年12月分	
23貫823文	12月朔日御祝・御炭代
39貫940文	御油代
2貫400文	御果物代
19貫180文	年始歳末御祝色々
35貫600文	御女房達御行器物
10貫	今姫君様御方御人数御行器物
100貫	大御所様(義教後室三条尹子)参御月宛
以上230貫943文	
嘉吉２年正月分	
18貫117文	朔日御祝・御炭代
39貫940文	御油代
35貫600文	御女房達御行器物
10貫	政所内談始御要脚
100貫	大御所様参御月宛
以上203貫657文	
嘉吉２年２月分	
27貫417文	朔日御祝・御炭代
38貫450文	御油代
36貫600文	御女房達御行器物
100貫	大御所様参御月宛
以上202貫467文	
都合637貫 73文	
残 243貫523文	
40貫	安倍季長・季久御訪下行
40貫	山井安芸守景久御訪下行
100貫	吉田社神殿御修理・神服以下要脚下行
定残63貫523文	

図13　吉田神社太元宮（京都市左京区）

までに支出された公事銭の使途を示した表3からわかるのは、「大御所様」には毎月一〇〇貫文もの「月宛」が支給されていること、幕府女房衆や「今姫君様」に仕える女房や従者への給与、「内談衆」と呼ばれた吏僚層が正月に行う「内談始」に関わる費用、炭や油など日用品や正月の祝儀の品、また果物など将軍家の人々に提供する嗜好品《しこうひん》として使われており、残った公事銭から吉田神社《よしだじんじゃ》の神殿修理などにも支出されていることがわかる。中でも「大御所様」への毎月の手当は一〇〇貫文と群を抜いている。

　ではこの「大御所様」とはいったい誰であろうか。嘉吉元年六月に足利義教は亡くなっているので、「大御所様」と呼ばれた人は義教正室三条尹子以外には考えられない。そしてこの公事銭の月宛は、将軍義勝・義政時代には、彼らの生母日野重子（この時期重子は「大方殿」と呼ばれた）に同様の額が与えられたと考えられる。

　ここで思い起こされるのは、足利義満将軍時代に、「御台御料所山城国久多荘《くたのしょう》」が存在した事実である。義満正室日野業子以後の御台所にも、場所は明らかにできないが、御料所が与えられた可能性は高い。御台所は、これ以後、新たに、室町期の経済発展に見合った公事銭を、幕府から手当として支給されていたことが、表3によって確定できる。荘園からの貢納物以外に、時代の変化に即した新加の税収が、御台所の所得となっている点は、室町時代らしい現象であると思う。

また武士階級の間では、文安三年（一四四六）、美濃《みの》国内で守護代斎藤氏と外島氏の対立が発生し、多くの死者が出て、幕府が一方に荷担したため、富樫氏や京極・六角氏まで参戦せざるをえなくなるという合戦が起こっている。このとき十一歳の義政は富樫泰高を加賀守護に任じ、反面、裏では泰高の兄教家を助けるという優柔不断な態度をとったため、義政と細川勝元が対立するという事態を生じていた。

義政青年期の混乱と日野富子

宝徳元年（一四四九）四月、十四歳の義政が征夷大将軍に任じられた。十月には管領が畠山持国に交替し、幕府体制も一新された。翌宝徳二年義政の側室一色氏から子どもが生まれている。義政は十五歳の少年である。

管領畠山氏は二年六月、幕府の許可を申請して家督を義就《よしなり》に譲った。これが後々まで畠山家内部の対立、合戦の基になる継承劇の始まりである。義就の対抗馬は養子の政長《まさなが》である。両者の対立は享徳三年（一四五四）明白になり、政長が時の管領細川勝元《かつもと》を頼り、勝元と山名持豊が同一歩調を取ったので、義政は八月、政長を許すが、十二月には義就を河内より京に召し、謁見したので、逆に政長が逐電している。翌康正元年（一四五五）には幕府は大和に出兵して政長を討とうとし、義就・義統《よしむね》にも政長の討伐に向かわせるのである。義政も管領もその場限りの判断に終始していることが見てとれる。重ねて幕府は五月、政長を討つため越中・加賀・和泉の兵まで徴発した。七月両畠山氏の和がいったん成り、義就は河内守護となるが、政長の弟を殺している。このように、畠山氏の継承問題に対する幕府と義政の態度には一貫性がなく、十一歳の義政と細川勝元との対立も、富樫氏を廻って文安元年から発生していたので、諸政について混乱を生じていたのが、義政青年期の政治状況であった。

康正元年のこの年、畠山氏の合戦に幕府軍が組織されたばかりか、三月下総《しもうさ》でも足利成《しげ》氏《うじ》と上杉氏方の武士の間で合戦が始まり、戦火は常陸《ひたち》、下野《しもつけ》に広がり、幕府は成氏追討の旗を天皇家から賜っている。さらに播磨では山名持豊が赤松則尚《のりなお》と戦うという、日本の所々で武士階級の合戦が始まった。応仁の乱の前哨戦《ぜんしょうせん》は約一〇年前に始まっていた。

戦の臭いが広がり始めた康正元年の八月二十七日、日野富子が義政の正室として輿入れした。富子が義政と婚姻を遂げる直前から、幕府は畠山政長追討の兵を大和に派兵し、次いで関東の足利成氏追討の旗を天皇から獲得しており、また播磨でも山名氏と赤松氏の合戦があって、赤松則尚が敗れ自殺したという、守護家間の対立が生じていたのだから、応仁の乱の原因を富子の政治介入に求めてきた従来の見方は、当たらないことは明白である。

幕府政治の内実

康正三年（長禄元・一四五七）から寛正六年（一四六五）に至る長禄・寛正年間に、政治を主導していたのは幕府である。この期間の特徴は、長禄元年二月からの疫病の流行と、七月の日照《ひで》り、寛正二・三年の大飢饉《だいききん》により、人々が多数死去し、人口の激減をきたすという社会変動があったことである。このような厳しい時代に幕府はどんな政治を行ったのであろうか。

第一に幕府は康正二年から内裏と北小路新第の造営にとりかかり、造営費として諸国に段銭《たんせん》・棟別銭《むねべちせん》を課した。長禄年間には引き続き室町第の造営も続けており、寛正三年からは義政の実母日野重子の邸宅である高倉邸を改修するための段銭を賦課するのである。牆《かき》（垣根）など小規模な改修は守護大名にやらせるが（四年六月）、大規模な造営費は幕府が段銭を全国から徴収して行ったことがわかる。後花園天皇は寛正五年七月に後土御門天皇に譲位し、以後院政を行うが、義政を院執事として、将軍家との関係を円滑なものとしたあと、八月と十一月に室町第に御幸している。その礼として義政は参院して猿楽を音阿弥《おんあみ》に演じさせている。もと重子の邸宅であった高倉邸には、還俗させた義視が寛正五年十一

図14　後花園天皇（大応寺所蔵）

月に移ってきた。そして寛正六年以後、修造後の高倉邸は今出川邸と呼ばれる。

室町幕府の寺社政策

第二に、寺社への所領安堵（東福寺《とうふくじ》、宝鏡寺《ほうきょうじ》、広隆寺《こうりゅうじ》など）や給与、所領の「直務」命令（寛正二年九月の東寺領備中国新見荘など）は幕府が行っていることである。つまり五山《ござん》をはじめとする寺社は幕府に管轄されていたことが明白になる。そのため寺社の修造費の捻出策としてさまざまな財政援助策を幕府は採用する。朝鮮との交易の利を建仁寺修造の費用に充てようとし（康正二年）、長禄二年帰国した使船のもたらした銭一万貫と大蔵経《だいぞうきょう》を建仁寺に与えて修造させた事例はその典型である。ちなみに寛正元年、朝鮮から帰朝した幕府使船がもたらした大蔵経を土岐氏が拝領したが、謝礼として五〇〇〇疋《ひき》を幕府に納めている点を見ても、幕府の朝鮮への交易船がもたらす利益の大きかったことが推測される。しかし明への使船「遣明船」には、もっと莫大な費用を必要としたのであろう。寛正六年五月、幕府は銭一〇〇〇〇貫文を大内教弘《おおうちのりひろ》に借りて遣明船の費用を工面している。大社寺のうち興福寺は例外で、大和の守護権を持っていたので、寛正二年独自に奈良に段銭を掛け、それで春日社の鳥居《とりい》を造営している。

いっぽう伊勢大神宮造営には長禄三年八月、諸関を停止し、その代わりに京の七口関を立て、そこから上がった関銭《せきせん》を大神宮造営に充てている。しかし関銭で大神宮造営費がすべてまかなえたとは考えられないので、不足分を補うためか、寛正二年十一月、幕府は「造大神宮役夫工米」を「寺」に課すという苦肉の策も採用する。寛正五年には、東寺《とうじ》境内及び東寺領に「造大神宮地口銭」を課すのである。

寺社は幕府から保護される代わりに、それぞれの「寺法」を守るよう義務づけられていた。しかしこのように幕府から手厚い費用援助がなされていたので、寛正元年九月、幕府は天皇の綸旨を得て畠山義就《よしなり》を討とうとしたとき、興福寺・長谷寺衆徒に義就の討伐を命じている。このように幕府の寺社政策を見てくると、室町期の義政青年期には、寺社は幕府の支配下にあったことが明白になる。

飢饉と土一揆の時代

第三の特徴は地震・飢饉・疫病などの大流行により、庶民の命が奪われ、幕府や寺社の建設・修造が円滑になされた反面、その費用負担が庶民に関銭・段銭などとして課されたため、生き残った庶民の生活は破壊され、土一揆が頻発したことである。文安四年（一四四七）七月の京都での徳政要求の土一揆に続き、享徳三年（一四五四）六月に東福寺が関所を設け、その収入を塔婆修造費に充てようとしたため土民が蜂起し、関所を壊したという事件があった。この後十月には土一揆が起こり、幕府は徳政令を出す。長禄元年（一四五七）の疫病、日照りのあとに起こった土一揆を、幕府は諸将に討たせている。土一揆は幕府に敵対する勢力と見なされたことがわかる。

寛正二・三年の飢饉では多くの人が亡くなった。いわゆる「寛正の大飢饉」である。寛正元年、幕府は畠山氏の政長を継承者と決め、義就の所領を政長に与え、興福寺・長谷寺衆徒をも動員して義就討伐の態勢をつくり、天皇から義就追討綸旨まで出してもらい、総力を挙げて義就を敵対者と見なした。翌二年には、義就方金剛寺衆徒と政長方の大和の国人領主（背後に義政や勝元）の合戦が河内で始まり、六月七月には、毛利・山名・吉川《きつかわ》氏らも加わった合戦が展開される。後花園《ごはなぞの》天皇が義政の奢侈《しゃし》と政治怠慢を批判する漢詩を贈ったのはこの年の二月のことであった。

次の土一揆は翌寛正三年に起こっている。十月、蓮田兵衛を首魁《しゅかい》とする土一揆が起こった。前例に従って幕府はこの一揆を諸将に鎮定させた。そして兵衛の首を四塚《よつづか》に曝したのである。土一揆は寛正四年にも起こり、徳政を要求している。この時も土一揆に対し幕府は前例通り武将たち（守護大名たち）に鎮圧させたのだが、土一揆が「徳政」を要求した

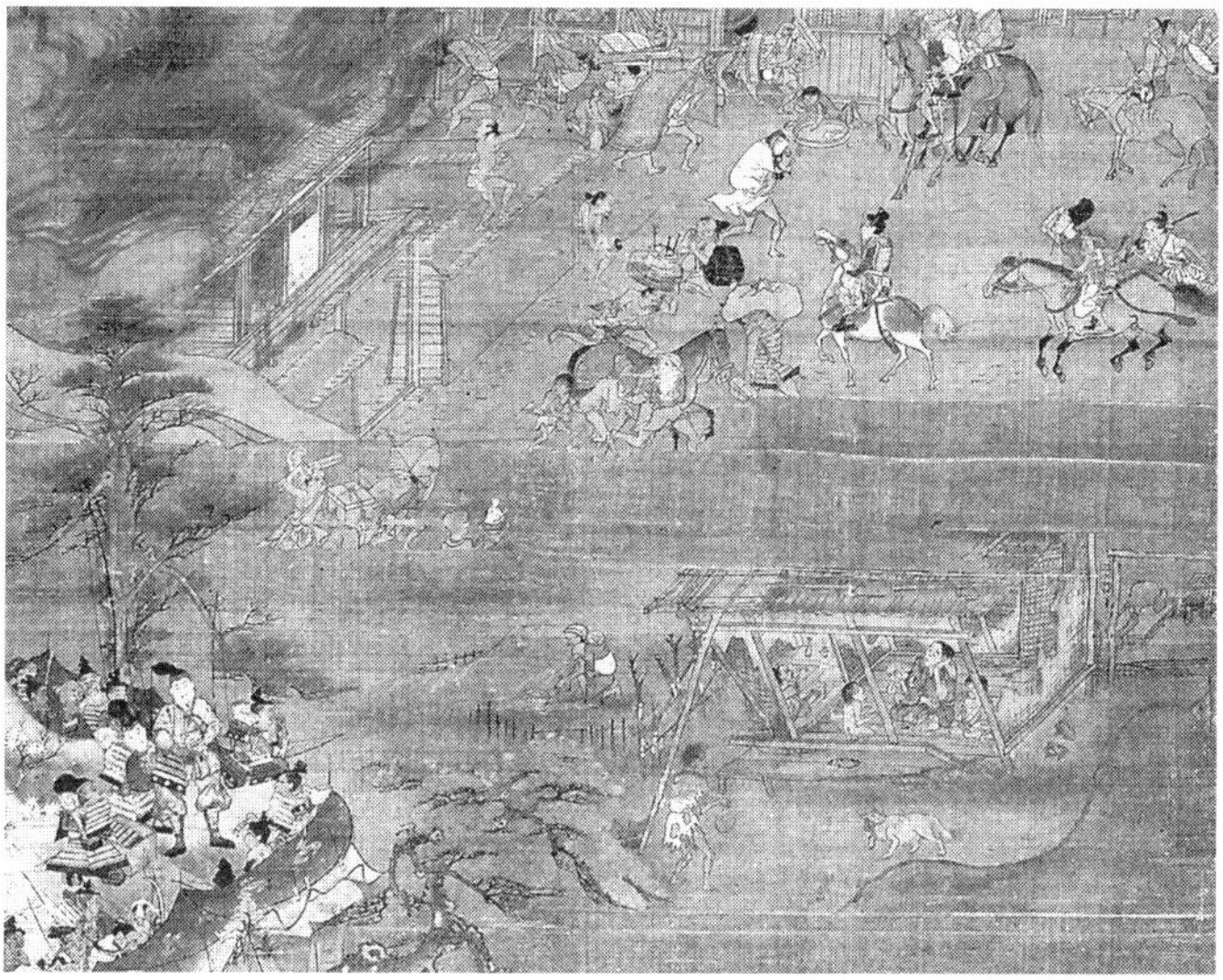

図15　飢饉の様子（『六道絵』より，聖衆来迎寺所蔵）

ことが注目される。この年に天皇家の代替わりはない。翌五年には後花園天皇が譲位し院政を開始したが、この年に代替わりしたのは、将軍家の義政生母重子が亡くなったこと以外見られない。八月八日に亡くなったのを受けて、その月の二十八日に土一揆が起こり、徳政を要求した。ということは、土民たちは、徳政令を出す主体を幕府と認識し、重子の死を契機として、幕府に善政を要求したことがわかる。室町期の徳政一揆は幕府に対する善政を求める一揆であり、嘉吉の一揆が「代替わり」による「善政」を求めた時点から、庶民の生活困窮や災害による救済を求めての、また将軍家の人物の交替を捉えての蜂起であったことが明白になる。

第四の特徴は将軍となった義政の政治担当意識の低さ、将軍としての自覚の薄さという義政の性格に問題があった点が、幕府政治を停滞させた大きな要因であったと思う。文安元年に将軍となった三春（のちの義政）はわずか九歳であったので、政治担当能力は低く、管領畠山持国らが以後義政に代わって政局を主導したのは当然の理であっただろう。持国に次いで細川勝元が管領となっていた期間（一四四五〜四九年）に、十代の義政は加賀守護家の任命問題で管領勝元と対立していた。

生母日野重子の教誡

青年期の義政の政治に関与した人は今参局《いままいりのつぼね》と義政生母日野重子の二人である。それが表面化した事件は宝徳三年（一四五一）の尾張守護代補任問題である。このころ管領は畠山持国が務めていた。十六歳の義政は、この年十月、先年突鼻されていた織田郷広《おだあきひろ》を召し出し、守護斯波氏の当主千代徳《ちよのり》の被官である織田敏広《としひろ》を退けた。その理由は義政の乳母で側室でもあった「今参局」（大館満冬《みつふゆ》の娘）が織田郷広を推挙したからである。義政は今参局に言われるままに、郷広を復帰させたことになる。しかしこのとき義政生母重子は「守護代の人事は守護に任せるべきであり、この事件で若い千代徳が面目を失うのは良くない、斯波氏は将軍家にとって大切な一族であり、千代徳の憤りを無視できない」（『康富記《やすとみき》』）と述べた。斯波氏は足利氏の一族で、室町前期に越前《えちぜん》・尾張《おわり》・遠江《とおとうみ》など八ヵ国の守護となり、管領に就任するべき三管領家の筆頭という高い家柄であった。そうした室町将軍家にとって大切な斯波氏から、一般に守護家の持つ守護代任命権を奪うのは、それも将軍家が行うのはよくない、という重子の意見は、将軍家の生母として、理に適った意見であるといえる。室町期、一般に守護代人事は守護の管轄権に属していたからである。

義政は斯波氏の守護代任命権に干渉し、守護代を強引に替えた。今参局の意見を入れ、重子の正論に耳を貸さない義政を見て、重子は「こんな状態では、天下の重事に及ぶに違いない」と考え、にわかに嵯峨へ出向した。

嵯峨出向を知った義政は、烏丸資任（義政の乳父、義政に近侍）・日野勝光（富子の兄）などを使者として子細を尋ねると、腰痛治療のため嵯峨五大尊堂に参籠したと答えている。実際には「公方御成敗の事は近日上﨟御局（今参局）並びに大御乳人、この両人毎時一向申沙汰せらる」（『康富記』）ため、重子から「御口入《くにゅう》の儀」があったが、義政が承知せず、管領畠山持国も「御口入無用」との態度をとったので、重子は隠居を決意したのであった。義政青年期に、今参局や乳母などが盛んに政治に口出ししていた状況が示されている。

義政はこのときは右の重子の訓戒に従い、織田郷広を守護代とすることを止めた。この判断に対して管領以下諸将は賛同し安堵し、幕府と将軍家との分裂は回避されたのである。

後日、管領からの沙汰として織田甲斐入道敏広に切腹が命じられた。公家中原康富はこの結果に対して「天下惣別安全歓喜也」と述べて喜んでいる。

またこの重子の意見に従ったためか、十一月に千代徳は元服し、斯波義建《よしたけ》と名乗り、尾張・遠江守護職を兼ねたが、翌享徳元年に亡くなってしまう。そのため斯波氏の嫡流には一族の義敏が就くことになった。斯波氏の後継者の若死と、守護代間の対立は、その後の応仁の乱の一原因ともなるのである。

義政執政に介入する三魔

享徳三年（一四五四）に畠山政長と義就の対立があらわになったとき、義政が義就に接見し、許したので、政長が逐電し、翌年からの畠山氏の合戦の幕を切る原因をつくってしまった。このころ幕府はのちの応仁元年のころとは異なり、畠山氏一族中では義就を全面的に支援しており、二月、義就を右衛門佐に、義統《よしむね》を左衛門佐に任じ、大和に合戦が拡大し、越中・加賀・和泉の兵が政長を討つために徴兵された。このころ義政と幕府の判断と行動は一致していたといえる。義政二十歳の年である。

義政二十歳の康正元年（一四五五）正月、京の町に三人の男女の肖像画が張り出され

「このころの政治はおそらくこの三ま《（魔）》から出ている、それは御今、有馬、烏丸である」（『臥雲日件録《がうんにっけんろく》』）と世間に明るみに出された事件は、義政青年期の政治の特徴をよく云い表している。義政の乳母と側室を兼ねる今参局、烏丸資任は先述のように日野家の一族で、義教にも仕えたが義政の側近の公家であり、有馬元家は赤松氏の一族で、その妹が義政の側室となった人である。この三人の意見を義政は特に用いたのであろう。今参局の行動は政治に口入する女性として、重子とは違った目で見られていたことがわかる。

この年（康正元年〈一四五五〉）の八月二十七日、義政は日野富子《とみこ》を正室に迎えた。

今参局の呪詛事件

しかしこのころより以後の義政の行動を辿ると、猿楽に傾斜している姿しか史料に残らなくなる。義政の文化への傾倒の一方で生じた問題が「今参局」の呪詛事件である。

長禄三年（一四五九）正室富子は婚姻後四年にして初めて懐妊した。しかし子どもは出産直後に亡くなってしまった。早産とも死産ともいわれる。この事件は今参局が嫉妬心から呪詛したため、生まれた子が亡くなったと世間では噂した（『経覚私要抄《きょうがくしようしょう》』）。口入の前史があり、世間でも「三ま」の筆頭と噂された今参局であるため、義政はついに今参局を処刑することとなり、正月十三日に捕らえられた局は、十四日近江沖島《おうみおきしま》への配流《はいる》の決定を受け、十八日か十九日に「逝去」または「切腹」して果てた（『蔭凉軒日録《いんりょうけんにちろく》』・『大乗院寺《だいじょういんじ》社雑事記《しゃぞうじき》』)。配所《はいしょ》に到着する前に切腹したというのが事実であったのではなかろうか。

『碧山日録《へきざんにちろく》』は今参局について、「大相公の嬖妾《へきしょう》某氏」と、大館氏の娘で持房の従姉妹であるという系譜を隠したうえで、「曽《かつ》て室家の柄を司り、その気勢炎々近づくべからず、その所為、殆《ほとん》ど大臣の執事の如し」と述べている。『経覚私要抄』には「この五、六ヵ年天下万事、並に此身上に在るの由、謳歌の間、権勢を振るい傍若無人也」とある。このように今参局は女房・側室でありながら「室」すなわち正室に等しい権限を握り、義政の政治に口を差し挟んだ。しかし正室が日野富子に決定すると、その行為は公然と非難されることになり、政治生命ばかりか命まで失ったのである。

生母・妻室の政治関与と重子の独自性

こうした点から考えると、将軍の生母や正室の政治関与は、武家政権では頼朝正室北条政子《ほうじょうまさこ》の時代から、世間一般からは是認される権限であったことがわかる。今参局への非難の大部分は彼女が側室であったという身分と、彼女の行動よりも、義政がその口入を重く用いすぎた点にあったといったほうがよいのではなかろうか。

つまり義政青年期の前半(富子との婚姻以前)は、義政独自の政治が行われたとは考えられず、一見管領などの幕臣枢要部《ばくしん》と意見が対立することがあっても、それは複数の乳母や側室たちの「口入」に依拠した政治であり、妥当性や独自性の見られないものであったと言える。一方、将軍生母の重子の持論には妥当性があったので、同じ「口入」でも、生母という地位の正当性と、理に適った訓戒であったことから、正当な政治関与と世間では認識されたことになる。

重子は寛正四年（一四六三）八月八日に亡くなる。死去したとき従一位の位が贈られ、死骸は等持院で火葬され、高野山に分骨されている。将軍家の生母であったため、きわめて丁重に扱われたことになる。義政の生母であるという地位に昇ったことが、今参局とは異なる権限と臣下からの尊重の念を集めた理由であろう。重子の将軍生母としての訓戒は、まさにかつての北条政子の後家尼時代の承久の変勃発時の訓戒と、同じ重さを持って世間に受け入れられたと思う。

重子は義教の妻であった時代に受けた将軍からの弾圧に耐えつつ、将軍家の妻として何を為すべきかを的確に学んでいる。こうした重子の姿には、公家出身の女性であるのに将軍家という武家の正室となったための苦労と、その中での教養と判断力の蓄積がうかがえ、感動を禁じえない。

大乱の時代

円熟期の日野富子

応仁の乱の前哨戦

後花園天皇と義政

長禄・寛正期には、先述のように日照り・飢饉《ききん》・疫病《えきびょう》が蔓延し、多くの人が亡くなっていた。「骸骨衢《がいこつちまた》ニ満テ道行ク人アワレヲモヨヲサズト云コトナシ」「世上三分二餓死ニ及ブ」と『長禄寛正記』は述べている。このころ、願阿弥《がんあみ》のような勧進聖《かんじんひじり》の活動はあったが、粥《かゆ》の施行《せぎょう》にありつけた人はわずかであり、生き残った人々は無力感と幕府の政治への幻滅に浸されたことであろう。

飢饉、疫病のさなか、後花園天皇が義政に奢侈荒怠《しゃしこうたい》を諌める漢詩を贈ったのは、寛正二年（一四六一）二月のことであった。

残民争採首陽蕨（残民争って首陽の蕨《わらび》を採る）
処々閉炉鎖竹扉（処々炉を閉じ竹扉を鎖ず）

詩興吟酸春二月（詩興吟酸春二月）
満城紅緑為誰肥（満城の紅緑誰が為めに肥えん）

厳しい飢饉の中で生き残った人々は、都の春に萌え出た蕨を争って採っている、人々の家々の扉は閉まり、竈《かまど》からは煙も上がっていない、ようやく訪れた早春にもいつものような詩興がわかず苦しく悲しい思いがつのる、都の燃えるような花や草木の緑は誰のために美しく装っているのだろうか。

後花園天皇からこの漢詩を贈られた二十六歳の将軍義政は、さすがに恥じて室町第の造営を一時中断したといわれる。しかし翌年から、実母重子《しげこ》の住む高倉邸の造営を始めさせ、幕府は段銭《たんせん》を課しており、その泉水は善阿弥を使って西芳寺《さいほうじ》に倣ったみごとな枯山水《かれさんすい》庭園としたことを見ると、後花園天皇の訓戒も、義政には深く届かなかったことがわかる。このように、義政には一生涯保ち続けた庭園建築という趣味があった。

義政は征夷大将軍になる以前から、文安五年の地震・飢疫の中、四季の花卉《かき》を障子《しょうじ》に描かせて歌を廷臣・僧侶に賦させたり、長禄三年の室町新第の完成以後は主としてここで、また寛正五年以後は管領畠山政長《はたけやままさなが》邸、細川勝元《ほそかわかつもと》邸、伊勢《いせ》邸、細川成之《しげゆき》邸、土岐持益《ときもちます》邸などで、時には富子と揃って猿楽《さるがく》を観ており、寛正五年十一月、七月に譲位した後花園上皇が室町第に御幸したことの返礼として、義政が音阿弥《おんあみ》に院御所で猿楽を演じさせたこともあった。

義政の文化耽溺は困った現象ではあるが、それまでにも見られた猿楽狂いが著しくなるのは、寛正五年以後のこととして史料に残っている点から見ると、飢饉の惨状が回復傾向にあった時点以後に、急に傾いた趣味であることは付け加えてもよいと思う。

紏河原の猿楽能

しかし、なんといっても室町期最大の猿楽の演能は、寛正五年四月の三日間にわたっての紏河原《ただすがわら》での勧進猿楽である。この猿楽は鞍馬寺《くらまでら》の塔婆修造費用を勧進で集めるための興行である。四月五日に能七番、狂言六番、七日に能七番、狂言六番、十日に能十二番、狂言十一番が演じられた。演じ手は音阿弥を初めとする観世座《かんぜざ》である。音阿弥は世阿弥《ぜあみ》の甥で、義教時代、佐渡に配流《はいる》されるという苦節を嘗めたが、義政時代に復活し、義政の寵愛を受け、このあと、先述の院御所での演能もこの人が主役を務めた。同時代の今春禅竹《こんぱるぜんちく》（世阿弥の女婿）が枯淡を専らにしたのに対し、華麗な能を得意としたとされる。

紏河原勧進猿楽の舞台は次のような大規模なものであった。『異本紏河原勧進猿楽記』によると、左の図のような大きな円形の舞台が設営され、正面南側に「神之座敷」があり、その左右には公方《くぼう》義政の座と「上様《うえさま》」富子《とみこ》の座があり、義政と富子夫妻は左右に分かれて別々に網代車《あじろぐるま》でやってきたことがわかる。

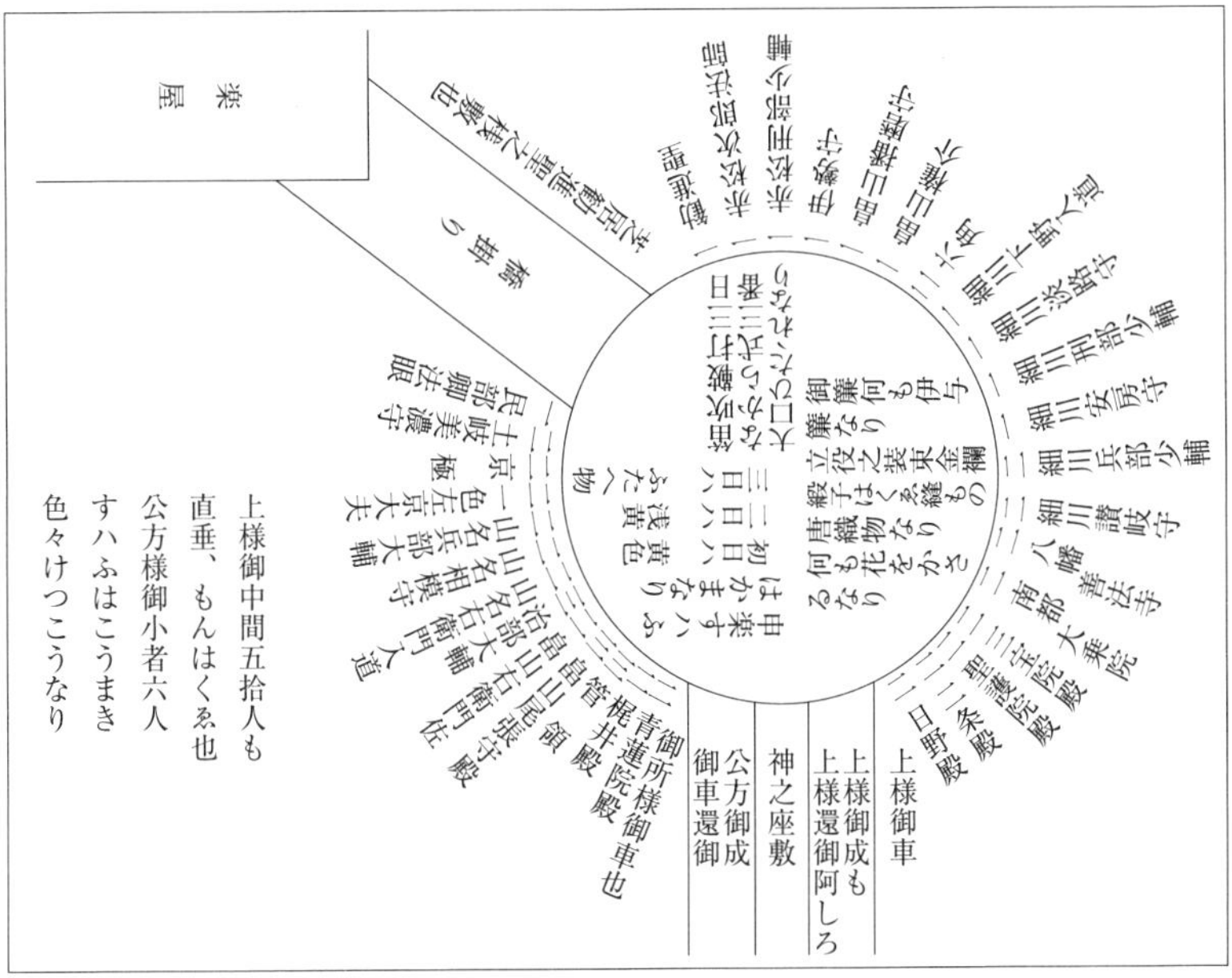

図16　糺河原勧進猿楽の舞台（群書類従第19輯『異本糺河原勧進猿楽記』より作成）

義政の左には「御所様」つまり義政の弟で後継者と決まっていた義視《よしみ》の座があり、さらにその左には青蓮院《しょうれんいん》殿、梶井《かじい》殿という皇族、次は管領細川勝元、畠山氏三名・山名《やまな》氏三名・一色《いっしき》・京極《きょうごく》・土岐氏の守護大名と民部卿《みんぶきょう》法印の桟敷が並んでいた。富子の右には日野家、二条家の公家、聖護院《しょうごいん》・三宝院《さんぼういん》・南都大乗院《だいじょういん》・石清水八幡宮善法寺《いわしみずはちまんぐうぜんぽうじ》という寺社に続いて、細川氏一族の大名たち六名、六角《ろっかく》氏、畠山氏二名、伊勢氏、赤松《あかまつ》氏二名の桟敷がしつらえられ、橋掛かりの一番近くには、寄付を集めた勧進聖の座も拵えられていた。

三間、二間、一間と記された公武寺社の桟敷だけを数えても五六間（一間＝約一・八《メートル》）であるから神の座や橋掛かりを加えると、円形の舞台の周りは一二〇《メートル》にもなったと推定できる。図を見ると、神の座敷と、公方、上様の座敷には仕切りが描かれているが、それ以外には仕切りはないので、守護大名や、公家寺社の桟敷の後ろから、それぞれの家の家来や家司《けいし》、また女房衆やさらにその後ろから一般庶民も観賞したのであろう。

観衆と将軍の権威

義政には六人の小者《こもの》が、富子にはなんと五〇人もの中間《ちゅうげん》が直垂《ひたたれ》で正装して従っていた。猿楽の「立役」は金襴・緞子《どんす》・はくえ（金銀箔で模様を付けた着物）・縫物（刺繍）という舶来品や豪華な箔や刺繍の装束を身につけており、その他の演者も「すハふはかま（素襖袴）」（布製直垂と袴）を着し、日毎に装束の色を変えており、豪華に趣向を凝らした舞台であった。観客も正装し、あるいは着飾って観賞しにやってきたことがわかる。富子が大勢の中間をひきつれて猿楽見物にやってきたことの背景には、こうした中間たちや供の女房たちにも、猿楽を見せてやりたいという、富子の気持ちが感じられてならない。

糺河原で行われた三日間の猿楽について『蔭凉軒日録《いんりょうけんにちろく》』は四月五日条で「午後御成、能は七番、之を観る者若しくは千人、挙ぐべからざる数也」と記しているので、五日には一〇〇〇人にも上る人々が観賞したであろうことがわかる。この猿楽の演者観世大夫らには、初日に小袖八三、二日目には小袖九一、三日目には六三などが纏頭物《かずけもの》として与えられ、三日にわたって観世大夫には一万疋が遣わされた。一万疋（一〇〇貫文）というと、大大名大内氏が正月に将軍家に対して献金した額と同額である。猿楽能の名手に対する世間の評価が大変高いものであったことが窺える。

このような大規模な野外での猿楽興行を観た室町期の人々は、一般庶民にいたるまで、「公方の御威勢に人又服し、天又感」じ、観た人は「壮観」と感激し、「千載一遇」と喜んだ（『蔭凉軒日録』）。野外での大規模な猿楽の興行は将軍家の権威を示し、寛正の大飢饉からの回復を宣言し、人心の収攬《しゅうらん》をはかる一大文化政策となったのである。人々はこのイベントにより、「天下太平（泰平）」（『蔭凉軒日録』）を祝した。文化による人心の収攬に成功した足利将軍家は、しばらくの間延命を保つことになる。

正室富子の登場

この糺河原での猿楽能は、正室となった日野富子にとっても特別の意味を持っていた。桟敷で見物した男女の中で、女性は「上様」富子と伊勢守の母、伊勢守の「御女中（妻）」の三名だけである。伊勢氏は政所《まんどころ》執事《しつじ》を務め、義政の養育を担当してきた将軍家の近臣であるから、親族並みに扱われ、母や妻が特に見物を許されたのであろう。いっぽう従者の数を見ると、富子の中間五〇人が群を抜いていることがわかる。つまりこの猿楽はこの前年寛正四年（一四六三）八月に亡くなった義政生母日野重子に代わって、義政正室富子が将軍家の家政を統括する立場に昇ったことを天下に宣言する機会でもあったのである。

　そしてその富子の座敷は、神の座の両側に、公方と上様（御台所）の座が別々に設けられていたことも注目される。公方に次ぐ為政者として、御台所富子が登場し、そのことを神々に承認してもらうことも意図していたと考えられる。富子は義政に従属する正室ではなく、公方と対等な、公方に次ぐ高い地位にある正室であったのである。この猿楽興行の成功によって、富子の正室としての地位は神々にも、世間一般にも承認されたといえる。

　寛正五年四月の糺河原での勧進猿楽は、世間から好意をもって迎えられた大イベントとなった。しかしその年と翌寛正六年には、新たな矛盾が生起しはじめる。その第一は、寛正五年十一月、義政は弟義視を養子としたので、義視は勝元邸に入った後、将軍家後継者として高倉邸に入る。ここはもと日野重子の邸宅であった屋敷で、さらに修造され、翌六年三月「今出川邸」と称されるようになった。

　ところが寛正六年十一月二十三日、富子が細川常有《つねあり》邸を御産所として長男義尚《よしひさ》を出産し、十二月二十日には室町第に帰るという慶事が起こる。富子は糺河原の猿楽鑑賞後、時には義政と連れ立って猿楽を見たり、細川勝元邸を訪問したり、六年春には夫婦で花を見たり、相国寺や石清水八幡宮を訪れたりしており、単独で石山寺にも詣で、義政・義視・富子の三者が室町第で宴を開いた（八月二十八日）こともあり、きわめて元気な様子を史料に残している。そして六年十月二十三日には、従一位という高い位を拝領していることから見ても、天皇家を始め、義視とも公武とも、安定的で良好な関係を築いていたことがわかる。

　いっぽう義政は糺河原の猿楽観賞後、猿楽を熱心に観賞する姿を残しており、そればかりか連歌、祇園会《ぎおんえ》や延年能の観賞、寺参りや宴への出席がしょっちゅう行われていることがわかる。このような義政の文化、特に猿楽耽溺は、世間の目に奢侈と映ったのは事実であろう。近江の国人《こくじん》領主熊谷在直《くまがいありなお》が書を義政に送り奢侈を諫めたのも、道理といえる。ところが義政はこれを怒り、熊谷氏の所領を奪って、追放したという（『応仁記』）。

経済政策と寺社

　寛正五年（一四六四）から六年にかけてのこの時期、幕府は相国寺《しょうこくじ》と伊勢氏、天竜寺と伊勢氏の所領の住民の灌漑《かんがい》争いを裁許したり、五年九月から管領となった畠山政長《まさなが》を先頭に造大神宮地口銭《ぢぐちせん》を賦課したり、高倉邸を修造したりしたが、伊勢貞親《さだちか》邸の浴室造営の材を土岐持益から徴収したり、近江国内の闕所《けっしょ》地を幕府が伊勢貞親に宛行《あてが》うなど、伊勢氏の屋敷や所領に関する問題が浮上し始めているという特徴が見える。また、十一月御即位方褰帳典侍用途・綾錦絹などの費用を諸将に課し、十二月、地口銭を京都に課して幕府の歳暮の費用に充てたり、有徳銭《うとくせん》を相国寺崇寿院領堺南荘《さかいみなみのしょう》に課して、富子の御産所の費用に充てたりしたことは、一般庶民にとっては迷惑千万であって、本来幕府が準備しておかなければならない費用が諸人に転嫁されたととられてもおかしくない、不当な賦課であると写っただろう。

いっぽう十月、細川勝元の要請で九月に家督を継いだばかりの大内政弘《おおうちまさひろ》に追討令が出され、安芸《あき》国などで合戦が始まっている。十一月には、越智《おち》氏が、成身院光宣の被官人らが山城《やましろ》道を留めて兵糧《ひょうろう》などを横奪するのをやめさせてほしいと幕府に要請しているのを見ても、寛正六年の年末には、大和や安芸で応仁《おうにん》の乱《らん》の前哨戦が始まっていたことがわかる。

義政の奢侈耽溺

応仁元年の前年文正元年（一四六六）には、右の様相はいっそう明確になる。

文正元年の管領は、寛正五年九月からその職に就いていた畠山政長であり、管領就任三年目を迎えていた。しかし幕府から発信された政策は、この年の前半に限られ、またきわめて少ない。閏二月に大嘗会段銭を諸国に課すが思うように集まらなかったのか、七月にも再度賦課している。鹿苑院《ろくおんいん》からの要請で、同院領に段銭を課し、同院と蔭凉軒を修理させ、嵯峨に地口銭を掛け、物持院の修理費とし、棟別銭《むねべちせん》で、稲荷社の神輿旅所《みこしたびしょ》を造営した。また寺奉行に寺の堺争論《さかいそうろん》を判じさせたりしている。これらは、それまでの義政青年期の幕府の施策と同じである。そのほか、近衛《このえ》家領近江信楽《しがらき》郷を直務とし、猿楽師小大夫を逮捕した件などが見られる。

七月までのこの年の前半の将軍家は、義政の猿楽・女猿楽狂いの記事の多さに驚くが、ごく希に御台《みだい》富子も同伴されており、夫婦仲の良かったことが見受けられる。そのほか義政は、朝鮮に書を送り、薬師寺修造費を朝鮮に求めたこと以外、盆石（盆栽用の石や砂）を五山禅林から徴したりしており、以前熊谷氏から諫められた奢侈にふける姿は、少しも変わっていないことがわかる。

そして六月、義政は東山に別業《べつごう》を営もうと思い、近衛房嗣旧第の図を借覧する。そして十一月、幕府吏員斎藤氏・松田氏を美濃に遣わし、山荘造営のための材木を検閲させるのである。この計画は後年、東山山荘銀閣となって結実する。いずれにしろ義政の脳裏には、猿楽や庭園建設の夢とその費用捻出のための対外交易など、趣味の分野の事項しか浮かんでこなかったことがわかる。

応仁の乱への傾斜

しかし一転して文正元年（一四六六）の後半から、管領、有力守護家と将軍家との関係は緊張を高める。七月、斯波《しば》家の義敏《よしとし》の訴えにより、幕府は義廉《よしかど》と義敏間の殺人事件を伊勢貞親と蔭凉軒季瓊真蘂《きけいしんずい》などに究明させた。この事件に真っ先に反応したのは義政で、貞親らの意見を納れて斯波義廉を退け、義敏を立てようとし、諸将に義敏を援助させようとする。そのことを知った細川勝元・山名持豊《もちとよ》（宗全《そうぜん》）・一色義直・土岐成頼《しげより》らは義廉に与《くみ》した。そこで義廉は兵を越前・尾張・遠江などで集めるのである。

八月に入ると、義政は日野勝光を山名持豊のもとへ遣わし、山名氏と義廉の婚姻を破棄させる。義政はあくまで義敏を立てようとしていることがわかる。いっぽう義廉方として尾張守護代織田敏広《おだとしひろ》の一族広成が、兵を率いて入京したので、諸国の兵がこれに続き次々と京に入った。京はかつてないほどの多くの兵に埋めつくされるのである。応仁の乱は文正元年の斯波氏の対立を機に内乱の幕を開けることになった。

ここにおいて、将軍家と有力守護家は、義政が推す斯波義敏と、勝元や山名持豊が与する義廉の二派に分かれたことがわかる。勝元はその直後、斯波義敏の弟竹王丸を捕らえ、幕府に送ったところ、義政は竹王丸を父親である持種に渡し、謁見を許した。義敏贔屓《びいき》である義政の温情がこのようにさせたのであろう。そこで幕府は竹王丸に越前大野郡を宛行い、その兄義敏を越前《えちぜん》・尾張《おわり》・遠江《とおとうみ》三国の守護職に任じた。幕府が義政の意思を汲み取ったかたちとなったことになる。

混迷する政局

問題が複雑になったのはこれ以後である。八月の終わりに畠山義就《よしなり》が吉野を出て、大和壺坂寺《つぼさかでら》に陣を取ると、幕府は成身院光宣《じょうしんいんこうせん》や筒井順永《つついじゅんえい》に義就を討ちに向かわせ、管領政長方に与しているという態度を明確にする。こうしてそれまで断続的に続いてきた畠山氏をめぐる合戦が再燃した。

九月に入ると将軍家内部で対立が生じる。義政が伊勢貞親の讒言《ざんげん》を信じて義視を殺そうとし、逃れた義視が勝元邸に入ったので、勝元は諸大名と連署して貞親を許してほしいと、義政に願い出たため、貞親は近江へ、斯波義敏は越前へ逃亡し、蔭凉軒真蘂《しんずい》や赤松政則らも逃亡した。義視は五日後に今出川第に帰ったので、対立はいったん収まった。

ところが今度は幕府が斯波義廉を越前・尾張・遠江三国守護職に任ずるのである。八月二十五日に幕府は義敏を三国守護に任じたにもかかわらず、一月も経たないうちに、九月十四日、反対の陣営にいる義廉を三国守護に任じたのである。このような朝礼暮改の政策は室町幕府と管領の権威をまったく無きものにするに十分な施策といえる。

以後大和での畠山義就と政長派国人衆の闘いははげしくなり、僧兵の合戦参加や土一揆《つちいっき》の蜂起、馬借《ばしゃく》の蜂起が近江や京で発生し、十二月には幕府所司代多賀氏の屋敷や三条坊門室町が焼け、細川勝元の被官人の家からの失火で相国寺の塔頭《たっちゅう》や河崎観音堂に延焼が及ぶという大火災が引き起こされる。

こうした混乱を終息させたのは山名政豊《まさとよ》であり、義政に願って義就を許させた。そこで義就は河内から入京し、政長も戦備を解くのである。しかし政長方はこれでは収まらなかったのであろう、この二日後に政長の被官人が処々に火を放って兵糧を略奪したので、等持寺《とうじじ》や秋野道場などが焼け落ちてしまう。

このように応仁の乱は京を舞台に文正元年から始まっていた。そして乱が始まった原因は、猿楽などに浸っていた義政が、その文化耽溺癖を持ち続けながら、斯波氏や畠山氏の家内部の問題に介入したこと、管領であるにもかかわらず畠山政長が、畠山氏の争いを調停するどころか一方の張本人となり、それればかりか味方の武士と共に勝元と戦略を議論する（九月二十五日）など、乱を大きくする行動に出たこと、義政と義視の対立が伊勢氏や真蘂などを巻き込んで生起したことにある。中でも最も大きな乱の発生原因はといえば、畠山政長の管領としての政治のまずさにあったといえると思う。

応仁の乱と将軍家

応仁元年、京都

応仁の乱の原因は、先述のように一〇年以上前から畠山氏の家督争いが始まっていたことや、その他の守護大名家の継承問題、将軍家後継者が複数いたこと、飢饉や天災により庶民生活が破壊されつつあったことなど、複数の原因が重なり合ったことを論じてきた。中でも深刻な政治状況を生み出したのは、管領畠山政長自らが合戦の火中に身を投じた点にあり、諸大名の上に立って合戦を止めさせ、諸政策を遂行すべき責任を放棄した点にあったと思う。

こうした管領の政治責任放棄に対して有効な助言や処置を繰り出せなかった将軍家足利義政にも、管領に次いで責任があることは、これまでの叙述から理解していただけるものと思う。管領と将軍家の政治担当能力欠如状況の中、応仁元年（一四六七）の正月から、

図17　応仁の乱勃発地の碑
（上御霊神社）

京都を舞台に合戦が始まる。それまで大和、河内、尾張、遠江などで闘い、また集められた兵たちは、京中で戦うことになった。主戦の場が京中に移り、大規模化したのが応仁元年の正月だったのである。

応仁元年に起こった応仁の乱は、通説では一月十八日の畠山政長の上《かみ》御《ご》霊《りょう》社《しゃ》への出陣と、畠山義就が応戦して政長方を破った時点にあるとされる。しかし実際には、その前の一月九日に、政長方からの市街地への放火・略奪があり、これが京中の人々に恐怖を与えた点にあったと考える。政長の被官が三条高倉やその東方で火災を発生させ、酒屋・土倉や多数の「小屋」（庶民の住宅）を焼き払い、財宝を奪い取った。公家たちは「言語に説くべからず」（『後《ご》法興院《ほうこういん》政家《まさいえ》記《き》』）とあきれている。

政長は先述のように寛正五年（一四六四）から応仁元年一月までの二年余り管領を務めていたが、応仁の乱以前の多くの争乱を鎮められず無策に終わったため、斯波義廉に管領を交替させられた。邸宅を明け渡すよう義政に命じられるとそれを拒否し、一月十八日に自邸を焼いて上御霊神社に出陣したのであった。つまり一月九日の焼き討ちは幕府の処置に対する腹いせであった。合戦と火災、略奪の発生に直面した後土御門《ごつちみかど》天皇と後花園《ごはなぞの》上皇は、一月十八日、一つの駕輿《がよ》に同乗し、室町第に行幸《ぎょうこう》し、二十日に還幸《かんこう》している。

五月、六月、八月の合戦によって、京の焼亡箇所は瞬く間に増え、等持寺・大徳寺・毘《び》沙門堂《しゃもんどう》から東は吉田社まで、伏見《ふしみ》殿などの皇族や、近衛・勧修寺・一条・日野町・裏松などの公家、大館《おおだち》・伊勢・六角・一色・京極など、奉行人や守護大名の邸宅が灰燼《かいじん》に帰す「大焼亡」が連続して起こった。『応仁記』によると六月の火災被害は「上は御霊辻子から下は二条まで、東は室町から西は大舎人までの百町余、公家武家人家およそ三万余宇が灰燼と化し、郊原となった」とする。天皇以下公武の人々や、逃げまどうことしかできなかった京の住民たちにとっては、ありえない大被害が降って湧いたことになる。八月の大火事を見て、天皇・上皇は再び戦火を避けて室町第に行幸し、以後永らく滞在することになる。室町第は天皇家の仮住まいであるので、諸行事は行えなくなり、そのこともあって、公家たちは奈良や近国の自家荘園に居所を移した。天皇が去った禁裏《きんり》には土岐成頼が、仙《せん》洞《とう》には畠山義就が陣を取った。

寺や公家邸が被害を受けたのは、実相院が東軍の陣所とされたように、武士が既存の大建造物に陣を張ったためである。また東西両軍は共に一条に「塹溝（塹壕）」を築いている。特に東軍の酒屋・土倉に対する略奪は激しかったので、六月、京中に入る食料はなくなった。

このころの義政について『大乗院日記目録』は「義政の近臣らが『礼物』を取って上申するので、その『収賄』によって義政の『御下知』は日毎に変わる」と記している。

六月の初め三十二歳の義政は、三歳の嫡男義尚、二十九歳の弟義視と共に室町第にいたのだが、将軍の大旗である牙旗《がき》（竿頭が象牙で作られていた）を細川方（東軍）に渡そうとしたので、日野勝光が反対したという事件があった。このとき勝光は「今の合戦は私闘である、『公方』（将軍）に敵対することが明白になったときに初めて牙旗を渡されるべきである」と涙ながらに訴えたという（『後法興院政家記』）。

通説で乱の原因とされている御台富子（二十八歳）についてその動向を見てみると、二月十日に御産所細川教春邸で長女を生み、翌応仁二年三月に次男「義覚」を同所で産んでいるので、政治に関わる余裕はほとんどなかったと思われる。

つまり応仁の乱発生の最大の原因は、応仁元年以前に管領であった畠山政長が、乱前の争乱を鎮められなかったばかりか、率先して乱の一方の当事者となった点にあったといえる。管領としての職務放棄である。乱開始後、戦乱と火災、食糧難などの状況の中で、両軍の上に立つ将軍家は、戦闘を止めさせてこそ、その存在意義があるのに、理非の判断能力を失った義政は、数人の近臣の意見のみを容れて恣意的な政治を行い、戦闘を止めさせられなかった。そのため京都は応仁二年以後も、洛中のみならず洛外（山科・花山・醍醐・木幡・稲荷・藤森《ふじのもり》・深草・西岡など）が「大焼亡」の被害を受けた。

応仁の乱の勃発によって最も大きな被害を被ったのは一般民衆である。東軍に牙旗を渡した幕府は応仁二年、軍資金を僧侶に掛けようとして反対されたり、京郊村落の住民を合

図18　山名持豊の墓（南禅寺真乗院）

戦に動員しようとしたりする。有名になったのは東軍に動員された「骨皮道賢《ほねかわどうけん》」が応仁二年三月、稲荷山で西軍の糧道を断ち、七条で火を放った事件である。しかし道賢らは六日後に西軍に攻められて命を失い、稲荷社やその他の寺社が焼け落ちている。合戦で火矢が放たれたために、多くの人命が失われ、多くの「小屋」や寺、館が焼亡したのである。

応仁元年から文明五年の年末までは足利義政が将軍職にあった。その間義政は、伊勢氏や番衆らの力を動員して、乱の拡大に歯止めを掛けようとしたこともあったが、不成功に終わる。文明五年（一四七三）三月に山名持豊、五月に細川勝元の

両雄が相次いで亡くなると、東西両軍の戦意は大きく落ちていった。その文明五年の十二月、将軍職はかねてより約束されていたとおり、義政から嫡男義尚に譲られ、管領職には畠山政長が就任した。こうして足利将軍家の嫡系継承と畠山政長の管領職復帰により、形の上では室町幕府の体面は守られることになった。

日野勝光の奔走

右の応仁元年（一四六七）の義政への諫言《かんげん》から見ると、日野勝光は西軍の領袖《りょうしゅう》山名持豊に心を寄せていたかに見えるが、それは結果論であり、勝光としては将軍の姿勢を糺したい一心で理を述べたのであろう。しかし義政は諫言を容れず、牙旗を東軍に渡したので、勝光は自邸の周りに堀を掘って用心したという。従来、山名方に近かったのは日野富子であったといわれてきたが、富子は義政と仲よく同居していてその判断に柔順に従っており、山名と近かったのは日野勝光であったことが判明する。後年、勝光は礼銭を収納してではあるが、畠山義就のために東軍との和解を謀っており（文明六年〈一四七四〉閏五月）、また大内政弘は京を離れて帰国しようとしたとき、勝光を頼って幕府に降伏を願い出ている（文明六年九月）などの事例には、西軍のために奔走する日野勝光の姿が如実に表れている。西軍はまた山名宗全亡きあと文明五年八月、足利義視を大内政弘邸に迎えた（『大乗院日記目録』）ことから見れば、義尚生母富子は、この事実から、義視を受け入れた西軍だけに親近感を持つことはなかったと考えられ、将軍家として義政と歩みを共にすることが、自身の御台所としての使命であると考えていたと思う。

将軍職を継承した足利義尚は寛正六年（一四六五）の生まれであるから、九歳で将軍になったことになる。この年齢では混乱を続ける政局を立て直せるはずもないので、誰が後見役を務めていたかが問題となる。従来の研究では、父義政が「代官」として権限を代行していたとされたが（最初にこの見解を示されたのは河合正治『足利義政』清水書院、一九七二年である）、そうではなく、義尚を補佐したのは日野勝光である。

図19　日野勝光（知恩寺所蔵）

その証左として、勝光が亡くなった文明八年六月十五日の『長興宿禰記《ながおきすくねき》』に、勝光は「准后《じゅごう》、御台様（富子）の御兄也、此間室町殿御世務之儀、御代官として成敗せらる、権威無類、和漢の重宝山岳の如く集め置かる、惜しむべき事也」と記されているからである。一方義政は、文明八年六月ごろまでの間、山城養徳院に近江の寺領を安堵した例を除き、将軍家としての活動をほとんど示さず、参内などの公的行事に参加する以外はまったく政治に背を向けていた。よって日野勝光が若年の将軍義尚の「代官」として、後見役を務めていたと言い切ることができる。

御台富子の役割と義政

これに対して義尚の生母富子は、季節ごとの挨拶はもちろんのこととして、乱開始以後、内裏《だいり》が戦場の一角となったため、応仁元年（一四六七）の八月に戦火を避けて室町第に行幸し、そのまま室町第を皇居とした天皇・上皇の居所を準備したり、私財で内裏修理を行ったり、乱中に屋敷を焼かれるなど苦しい状況に置かれた禁裏番衆《ばんしゅう》の公家たちに、一万疋（一〇〇貫文）を提供したり（文明八年）と、朝廷向けの、将軍家の家外交を積極的に果たしている姿が史料に残っている。

このころ、代々の将軍家後継者の養育を担当する役割も担ってきた伊勢氏のうち、貞親は文明五年（一四七五）一月に死去していたので、日野勝光が「代官」として義尚の政治を支え、また公式行事などへの参列に関する躾《しつけ》や指導と経済面からは、生母富子が義尚を後見していたことが明らかになる。

文明五年十二月に義政が義尚に家督を譲った背景には、この年の夏から義政は正室富子と「不和」になったため、文明六年三月に新邸（小川新邸）に移っていること、富子もそのため実母の屋敷に一時移っていた、という事件があったこと、義政は治世がままならないため「御隠居」（『親長卿記』）あるべき由を、七月ごろには廷臣に漏らしていたという事実があった。

それに追い打ちをかけたのが八月に広がった麻疹《ましん》・赤痢《せきり》・疱瘡《もがさ》の大流行であり、大和・山城の状況しかわからないが、死者の数は長谷で二〇〇人、竜田で百余人、奈良で六〇〇人という猛烈な脅威となって日本を襲った。義政・富子は赤痢に罹患し、義尚も「御違例」（『経覚私要抄《きょうがくしようしょう》』）という状態であった。天皇は綸旨《りんじ》を発して大般若経《だいはんにゃきょう》唯識《ゆいしき》論を開講させ、寺院では百万遍念仏を唱えて除病をはかり、京では麻疹送りと称して構中の町々から「風流《ふりゅう》囃物作山《はやしものつくりやま》」が出たので、義政を初め「武将管領以下諸大名」が見物している（『宗賢卿記《むねかたきょうき》』）。

義政にとっては、応仁の乱をやめさせるための政治がうまくいかず、富子とも不和になり、その上流行病にかかり、その病によって多くの人命が失われるという社会不安を沈静化できないジレンマが、大きくのしかかってきたため、また八月の終わりには西軍が足利義視を大内邸に迎えたこともあり、将軍職を元服したばかりの少年である義尚に早々と譲ったのであろう。

こうして足利義尚時代が始動した。義尚が将軍職に就いたとはいえ、果たして将軍の威令は世の人々にとどいたのであろうか。

義尚時代の世情は、前代と同じく荒廃の度を深めていた。「公方ハ大御酒、諸大名ハ犬笠懸」（『大乗院寺社雑事記《だいじょういんじしゃぞうじき》』文明六年閏五月十五日条）との記述は、義尚や義政など政治を担当すべき人が酒におぼれて為すべきことをないがしろにしており、諸大名も同様に政治に無関心であるという、嘆くべき状況を端的に表現している。

富子の執政と政治手腕

注目すべきはこの記述の前にある一文であり、そこには「天下公事《くじ》修《おさむる》ハ女中御計《おはからい》」とあるのである。天下の「公事」つまり政治は、義尚が文明五年十二月に将軍になり、日野勝光が代官を務めていたにもかかわらず、「女中」つまり富子が掌握して実行しているというのである。糺河原の猿楽見物以来、蔭になり日向になり、出現しようとしていた日野富子の政治が、本格的に人々の目に焼き付けられるようになったのが文明六年閏五月であったことが明らかになる。

富子は自身の持てる財を隠匿しておく性格ではなかったようである。その証拠に、先に記したとおり、文明八年三月、富子は一万疋つまり一〇〇貫文という大金を、禁裏番衆つまり公家階級に献金しているからである。応仁元年に室町第に避難してきてそのままここを行在所《あんざいしょ》としていた天皇家にとって、手狭な「室町行在」では儀式行事の挙行もままならなかった。出仕する公家たちも乱によって大きな被害をうけていた。義政には天皇・上皇や公家たちの悲哀や怒りは届いていなかったので、御台様から授かった一〇〇貫文という思いもよらぬ御恩は、公家にとって大きな感謝の念をもって迎えられた。『親長卿記』には「不慮の恩波也」（思いがけず大きな御恩にあずかった）とある。

義尚生母日野富子の執政は、文明六年の「天下公事修ハ女中御計」から、文明九年七月ごろまで健在で、文明九年七月二十九日条には、「御台一天御計之間、料足《りようそく》共其数を知らず御所持」とあるので、文明六年から九年ごろにかけて、将軍家御台所富子の執政が続いており、政治を執っているがゆえに、副産物として莫大な料足《りようそく》が富子のもとに集まっていたことが判明する。

同日つまり文明九年七月二十九日の『大乗院寺社雑事記』には、西軍の畠山義統《よしむね》が一〇〇〇貫文を富子から借用したことが記され、これを始めとして、大名小名が利平《りへい》（利息）を払って富子の料足を借用したとある。これは長期にわたった応仁・文明の乱の戦費の捻出に、諸将が苦しんでいた状況を如実に示している。その後、畠山義就・義統、大内政弘ら西軍の武将は、九月から十一月にかけて、あいついで下国《げこく》し、義視も美濃国へと土岐氏と共に下向《げこう》した。これにより、応仁・文明の乱はようやく終息した。つまり富子が畠山氏に一〇〇〇貫文を貸したのか、あるいは与えたのか、ほんとうのところは不明であるが、富子の私財は、畠山氏などの西軍の兵を撤収させるために使われたことが明らかになる。

大内氏の礼物進上

乱の終息を大内氏側から見てみると、政弘が東軍に降参するとの噂が流され、そのうえで、降伏を条件に、九月、政弘は従四位下の位を朝廷から獲得し、ついで周防《すおう》・長門《ながと》・豊前《ぶぜん》・筑前《ちくぜん》四ヵ国の守護職と石見《いわみ》・安芸《あき》両国内の所領の安堵を受けたのである。そのうえで十一月十一日に軍を引いている。このように従四位下の位を授かり、現状維持の所領安堵を受けたわけであるから、大内氏にとっては満足できる結果を獲得したことになる。叙任と所領安堵の袖判御教書《そではんみぎょうしょ》を得たとき、大内氏は莫大な礼物《れいもつ》を将軍家に進上している。『蜷川親元日記《にながわちかもとにっき》』には左のように記されている。

一、大内方より送進色々、若州小浜津より京着、午刻、唐物御荷数十五、但此内大絵維摩、龍眠筆、箱一ハ進上物也（中略）
一、公方（義政）四百卅貫文、此内三万疋国安堵御判之時、三千疋四品御免之時、万疋当年御礼太刀金副、松田対馬守秀数（数秀）折紙方奉行、方へ、親方送状を遣、御倉定泉、被納之、（中略）
一、上様（富子）御分三百四十貫文、此内、万疋御判之時、二千疋四品之時、二千疋御内書時、五千疋十月十二日、五千疋当年御礼、万疋就下国之時宜、聯輝へ申入、送状親元、御使松平、御倉定泉、被納之、
一、御方御所様（義尚）分三百貫文、万疋去年はしめて御礼、万疋安堵御判之時、万疋当年御礼、三上大蔵丞貞光、方へ遣送状、中村倉へ納之、使上田、

大内政弘が将軍家からもらった袖判は、右の書きようから見て、義政のものであったと

推測される。従四位下への叙任も、義政から天皇に奏上されたことから見て、義政に多額の礼物がもたらされているのは当然であろう。

注目したいのは、富子に対する進物の項目の多さである。義政に対する三項目（「国安堵」「四品御免」「当年御礼」）以外に、「御内書時」の礼、「十月十二日」の礼、「下国之時宜」についての礼があるのは、大内氏の降参と地位回復に向けてのさまざまな工作の仲介をしていたのが御台であったことを雄弁に物語る。安堵の御判が出され、従四位下に叙任されたことに対する礼物のうち、義尚への礼物は形式的な御礼であったであろうが、富子への礼物は、項目ごとに御台のさまざまな取り持ちに対する謝意として出されたものと考える。

つまりこれら三つの新しい項目の存在は、御台が斡旋して義政に袖判御教書を出させ、義政に奏上させて従四位下の位を天皇から出させたほか、史料としては残っていないさまざまな乱終結のための工作を、富子が義政と大内氏との間で行っていたことを表すものである。

三つの将軍家と富子の私財

先述のように、文明九年七月二十九日条の『大乗院寺社雑事記』には、同じく西軍の畠山義統が一〇〇〇貫文を御台から借用したことが見える。富子はその私財を使って大内氏以外の西軍の武将たちに軍勢の撤収と慰労の費用を出したのであろう。大内氏の場合のように、義政や天皇家まで動かしての工作ではなかったが、その他の部分では私費を投じて乱の終結をはかったのは、御台日野富子であったといえよう。

右に検討したように、応仁・文明の乱の終結に最も積極的に動いたのは、富子であった。それは和平を計るべき立場にいたのは将軍家であったことによる。その将軍家は、大内氏の礼物進上が三ヵ所に対して為されていることからもわかるように、義政時代、三つの家によって構成されていた。それぞれの家に納められた礼物は蜷川親元によって正確に記載され、別々の御倉に収納された。

つまり将軍家はこのころ三つの家から成っており、それぞれ別財であったのである。唯一両軍に戦闘を止めさせ、和平することを命じる立場にいた将軍家の中で、先述の『大乗院寺社雑事記』文明九年七月二十九日条の中で「公武上下昼夜大酒、明日出仕之一衣モ酒手下行」「奉公方者共ハ当年中無為儀之ナクバ、各々逐電スベキ支度」「杉原賢盛ハ随分ノ物也、一衣之ナキノ間奉公出仕アタハズト云々」と記されていることは、義政の政治に対する意欲の喪失が、奉公衆《ほうこうしゅう》や奉行人《ぶぎょうにん》の間にまで浸透していたことを明らかにしている。

右の義政の意欲喪失部分に続くのが、「御台一天御計ヒノ間、料足共其数ヲ知ラズ御所持」なのである。つまり政治に関心をなくしている義政と、まだ少年であった義尚とは異なり、義尚の後見役として、政治の前面に押し出されていた富子が、執政者として自らの私財を動員しつつ懸命に乱の終結に努力した結果、一一年にまたがる大乱が終わるに至ったと結論づけるのが正しいと思う。応仁・文明の乱の終結に最も貢献したのは、将軍家御台所日野富子であったといえる。

義政政治の堕落したありさまと、御台富子の執政が大名貸を伴うことを述べた『大乗院寺社雑事記』の文章の続きに、「近日又米倉事之ヲ仰セ付ケラル、御商ヒアルベキノ由御支度、大儀之米共也云々」とあり、米倉の記述だけは伝聞によることを表している。この一文の主語は御台と推測できるが、御台が米倉を建てたことを傍証する史料は皆無である。逆に富子が米倉を建てて救恤《きゅうじゅつまい》米を備蓄しようとしたのかもしれない。御台がもし米商売を始めたのなら、『大乗院寺社雑事記』や公家日記が見逃すはずはないからである。

大御所義政の復活

文明十年（一四七八）、義政が執政し始め、寺領や公家領を安堵し、課役免除の法令も発布し始める。一方義尚は翌十一年十五歳となり、判始・評定始・沙汰始（初めて吉書に花押《かおう》を書き、管領《かんれい》らの出席のもと、政務を評定し、実行する儀式）を行い、将軍としての体裁を整えた。こうなると富子の執政は、自然に閉じられることになった。

しかし義政親子の政治が表面に出たあとも、富子の役割はなくなることはなかった。前代と同様に富子は義政に御内書《ごないしょ》を出させるべく取り次ぎを行っていたからである。乱中、西軍の陣中にいた前東大寺別当公恵は、乱後本寺に帰住していたが、かつて西軍に味方したことに対する赦免を、内々御台に申し入れた。富子は快く思わなかったが、立場上「一往執《と》り申され」（『兼顕卿記別記』）たという。この件については、結局義政から赦免されることはなかったが、御台富子が義政に案件ごとに自身の判断を加えつつ取り次いでいることが確認できる。

同じく文明十年の事例として、さらに重要な天皇の譲位問題がある。十月十五日、後土御門天皇は、譲位・臨行《りんこう》を決意した。その理由は、禁裏御料所《ごりょうしょ》の貢租が進上されなくなり、勅書で幕府に進納を命じても、幕府が動かなかったことに立腹したためである。このような状況に対して、義政はさして驚きもしなかったので、大納言勧修寺教秀《かじゅうじのりひで》は、御台に対して譲位を思い止まってもらうよう訴えている。

これに対して御台は、広橋兼顕《ひろはしかねあき》を呼び出し「時宜」（寺入りのための費用）をいろいろと尋ねている（『兼顕卿記』）。これ以前の三月には、天皇の妹真乗寺宮の入院《じゅいん》費用がないため、また禁裏御料所の押領《おうりょう》が続いているため、天皇は譲位の意志を示していた。このときも義政からは明確な返答がなく、御台が「重事たるの間、直ちに准后に申し入るべし」（『兼顕卿記』）と、ことの重大性に気づいた富子が行動を起こしたことにより、解決に向かったのであった。兼顕はお礼のため、入院を見物に来た富子のもとを訪れている。

このころ、広橋兼顕は武家伝奏《ぶけてんそう》を務めていたので、役目柄、寺社や公家の継目安堵《つぎめあんど》や所領安堵、公家領への守護の違乱《いらん》問題など、義政からの御内書が必要な難問を、本来なら義政に願い出るべきなのに、富子に願い出ている。これらの中の浄土寺門跡《もんぜき》代始安堵の御内書について、富子は「（義政）御自筆の御内書は難しいと思われるから、奉行に書かせましょう」と返答し、兼顕は畏まって受けたので、富子は幕府の奉行人である松田数秀にこれを申しつけている。

義政・義尚を支える富子

一心に天皇家や廷臣（公家）の意向に沿うよう努力している富子に対し、天皇家は好感を持ってながめていたふしがある。文明十一年（一四七九）正月十九日、後土御門天皇は御所に御台富子を呼んだ。これに対し富子は「参内せよとの勅諚《ちょくじょう》（天皇の命令）は嬉しいが、にわかに参内するのは難しい」と返答した。その理由は「袴がなく、搔取《かいどり》（打掛のこと）でよいとの勅免があれば参内するのだが」（『兼顕卿記』）というものであった。

天皇が富子を招いたのは、富子が参内すれば、義政も参内するだろうから、この直前に申し入れたが義政から何の音沙汰もない禁裏御料所について、義政は何らかの返答を準備するだろう、との思惑からであったと思われる。富子の返答に対し、天皇からは「今は行《あん》宮儲《ぐうもうけの》御所《ごしょ》（北小路殿に天皇は仮居していた）であるから、苦しからず、別勅をもって下姿（搔取）といえども参内せよ」（『晴富宿禰記《はるとみすくねき》』）との勅諚がおりた。こうして十九日に義政・富子・義尚の参内が実現している。

十九日の参内について、『晴富宿禰記』は「禁裏より御台を本に御招請の故也」と記しているので、禁裏は御台富子を主賓と考えて招いたことがわかる。富子が担当している将軍家「家外交」は、天皇家や廷臣から好意を持って迎えられており、またその外交を担当しているのが誰なのか、見誤られずに実施されていたことがわかる。

このように、文明十、十一年ごろ、朝廷関係の事項は富子の努力によって解決され、天皇家の体面は保たれていた。文明十年には御内書の発行など、表面上義政の政治が復活したかのように見えるが、実質的には義政への取り次ぎという重要な役割を御台富子が握っていて、当事者や仲介者との政治的折衝は富子が行っており、御内書を出すべき案件は義政にまわし、幕府奉行人奉書発給で処理すべきものはそうさせる、という決済権を御台が掌握していたことを示す。この件は重事なのかそうではないのかを判断し、的確に決済させるというかたちで、義政の政治を支えていたのは富子であったことを示している。自らの執政期間が終わっても、富子が政治から離れることはなく、義政の側で大御所政治を的確に支え続けていたことがわかった。

表4　天皇家と将軍家の居所（応仁元年〜文明十一年）

	内裏	室町第	その他
応仁元年（一四六七）	1・18天皇・上皇→ 1・20← 8・23天皇・上皇→ 9・13内裏・仙洞焼失 上皇出家	→（乱開始のため） 2・10御台富子→ 3・4← →（戦乱・火災を避けて）天皇は寝殿へ、上皇は泉殿へ 「室町行在」と呼ばれる 10・3室町第半焼	→細川教春邸（長女出産のため）
応仁2年		1・1天皇・法皇室町第に御座ゆえ、朝儀行えず （去年9月から、禁裏には土岐が、仙洞には畠山義就が陣を取る） 3・21御台富子→ ← 11月、二将軍併立の事態（義政と義視） 12月、義視、治罰される	→細川教春邸（次男出産のため）
文明5年（一四七三）		12・19義尚元服し、将軍宣下を受ける	

文明6年		3・3義政→ 9月、義政は大酒、公事は富子が行う	小河新第に移る
文明7年		3月、富子、懺法講を室町第に修す	
文明8年		1・1天皇、室町第で四方拝・平座（室町第に富子・義尚は同居） 1・8富子、禁裏番衆に一万疋を贈る 11・13室町第焼失。天皇→	北小路行在へ（もと富子・勝光らの母苗子の邸宅で、富子の所有する屋敷）
文明9年		閏正月、幕府、石見国に室町第修理段銭を課す 7月、宗祇が室町第へ（禁裏歌合のため） 12月、「公武上下昼夜大酒……御台一天御計之間、料足共不知其数御所持……公方御下知国々ハ……一切不応御下知……仍日本国ハ悉以不応御下知也」（『大乗院寺社雑事記』）	
文明10年		1・11幕府、内裏修復のため、京都七口に新関を設ける	1月、四方拝をやめ、節会平座を北小路行在で行う（文明8年11月の火災以後、天皇はここに行在）

	文明11年
	12・7天皇、土御門内裏へ還幸
（義政は小河第、富子・義尚は室町第。儀式・行事のときに三人共に参内している） 12・16幕府、室町第造営のため、京中に棟別銭、諸国に段銭を賦課する	3・10幕府、内裏修造棟別銭を洛中洛外に課し、越前に段銭を課す
	7・2北小路行宮焼亡。天皇→聖寿寺へ→日野政資邸へ（内裏修理を急がせるための焼亡とのうわさが流れる）

文明十年、土民との対立

文明十年（一四七八）十二月七日、山城の国人たちは京都に設置されていた関所撤廃を掲げて一揆を起こした。この年に土民がなぜ立ち上がったのか、その理由を調べてみよう。

合戦により後土御門天皇・後花園上皇は、応仁元年、二度も室町第に臨行し、八月の臨行後はそのまま室町第に滞在し続けたため、手狭な御所では朝儀もほとんど行われなくなった。その室町第も応仁元年（一四六七）十月に半焼となり、いっそう狭くなったので、応仁二年正月の朝儀は行えなかった。応仁元年八月から文明八年十一月まで皇居となっていた室町第には、文明六年三月まで天皇家と将軍家が同居する状態が続いたが、文明六年三月、義政が小河新第に移ったので、天皇家と富子・義尚の将軍家が同居するかたちになっていた。しかしその室町第が文明八年に焼失してしまう。そのため富子の計らいで天皇は富子や勝光らの実母苗子《みつこ》の北小路第に行幸し、ここ「北小路行宮《きたこうじあんぐう》」に、天皇は文明八年十一月から文明十一年七月に焼亡するまでの二年八ヵ月あまり滞在した。この屋敷は当時富子の所有するところであったからである。しかしこの行宮も十一年七月に焼けたので、聖寿寺、ついで日野政資邸へと天皇は移動せざるをえなくなる。結局応仁元年から土御門内裏が再建される文明十一年十二月まで天皇は「仮住まい」を余儀なくされたことになる。そして天皇家の仮住まいの間に、なにかと天皇家や廷臣たちのために心を砕き援助の手を差し伸べるよう務めていたのは御台富子であったこともわかる。

つまり天皇家を支える立場にある幕府にとって、天皇の内裏建設が差し迫った課題として以前から日程にのぼっていたことは事実である。文明十年一月、幕府は土御門内裏修理を名目に、京の七口に新関を設置した。その後いったん関所を撤廃したが、七月には再び設置したので、山城国人（侍と土民つまり土豪層と百姓）は宇治・八幡・山崎・坂本などで、通路を塞《ふさ》ぎ、諸関撤廃を求めて土一揆を起こしたのである。

ここで山城の国人が関所撤廃を要求する手段として、なぜ「通路を塞ぐ」という行動を採ったのか考えてみよう。「通路を塞ぐ」というのは道留め・閉鎖である。この行動は現象形態として関所の設置と同じである。なぜなら、関所設置は、その他の道を往還したり、関所を通ることを止めさせ、公認関のみの通過を強制するものでなければ意味がないからである。したがって、山城国人の通路を塞ぐという行動は、幕府設置の関所の近辺で、道留め・閉鎖を行って、幕府公認関を通らせないようにしたものであると解される。「七日より京都七口之新関破るべき之由、山城の者共訴訟に及び、路次之を止む」(『尋尊大僧正記』)はまさにこのことを言い表したものである。

さらにこの十二月十三日ごろ、幕府は東寺寺辺の新関を停止させている。幕府が関を立てるにあたっては、幕府以外の本所が関を立てることを許さなかったのである。つまり幕府が新関を立てて公認関のみの通行を強制する行動は、これに反対する国人側でも採用され、公認関の前後で道留めを行いその関所を通らせまいとするという、似通った行動を採って対抗していたのである。

土民から向けられた視線

応仁・文明の乱がようやく富子の採った終息策によって終わりを迎えたこの時期、幕府は土民との対決姿勢を明確にした。右述の関所設置問題以外に、機能を失っていた室町第の造営のため段銭を諸国に課し、室町第造営と内裏修造のために棟別銭を畿内に課している。

このような事態に至った直接の原因は、第一に、前述のように、乱中の合戦や類焼によって天皇が同居している室町第が文明八年（一四七六）十一月に裏辻の小家（土倉であったともいわれる）からの失火で焼亡し、義政の小河邸や北小路禅尼苗子邸（この屋敷の所有者は富子である）に天皇が移ることになり、この火事で天皇の御物《ぎょぶつ》や累代の器が焼失し、義政、富子の財産も残らず焼失した点にあった。幕府自体、東西二幕府が一時併存するなど混乱状況に陥ってもいたが、内裏修造が必要であったことは事実である。しかも天皇家の力だけで内裏を修造するのはとうてい無理な状況であったことは、室町初期の義満時代から明らかであった。つまり、文明九年以後の一連の関所撤廃や段銭・棟別銭賦課反対の土民の動きは、正確には内裏修造を肩代わりし、また室町第の再建も必要とした幕府と、京都とその周辺を中心とした国人（侍と土民）の対立であったと見るべきである。この対立の構図が最も鋭く現れたのが、文明十年の七口関撤廃をめぐる対立だったのである。

この時期、政治は表面上再び義政が大御所として執政し始めていたのだが、義政の背後に退いていた富子が、重要事項の取り次ぎ、執奏、一般政務の裁決をてきぱきと行っていたので、前代から御台の執政する姿を見てきた土民たちにとって、富子の執政は既存の事実として脳裏に焼き付いており、幕府の関設置の責任が、富子に転嫁されるという見方を生じたものと考える。

政治の前面から一歩退いた富子は、文明十一年（一四七九）九月十四日早朝、伊勢参宮に出発した。『実隆公記』は出発の様子を「諸人美を尽し善を尽す、路次見物衆市を成す、大樹以下御見物と云々」と記している。富子の行列に供奉した人々の行粧《ぎょうそう》（いでたち）が見事であったこと、それを見物する人々は多数に上ったこと、義政以下は参宮を行わず、見物する側に回っていたことがわかる。

伊勢参宮の行列供奉

参宮の行列に加わったのは、義政と富子の間の娘である南御所、義政の兄弟法香寺殿、三宝院に入った義覚（義政・富子の次男）などで、細川右馬頭政国、武田信親、伊勢伊勢守貞宗、小笠原備前守政清、伊勢左京亮父子（貞誠、貞泰）、伊勢上野介貞則、塩屋（冶）宮内少輔、陶山又次郎、塙政為など数十人が騎馬で従い、奉行職である布施下野守英基も供に加わっていた。清和泉守貞秀は前日から参向した。お供の女房の輿は二七丁で「尽期無」く続いた。また、この参宮のために徴発された人夫は数万人に上ったという。お供に加わった人々には、富子から「公物」が貸し下された。留守居の人々には、「鼻向《はなむけ》（餞）」が諸大名負担で渡された（『長興宿禰記』など）。このように、参宮の善美を尽くしたきらびやかな行列は、その背後に富子の大きな財力があり、それを供衆に貸し渡す（実際には供与であったかもしれない）ことによって成り立っていたことが判明する。

さて、このときの人夫数万人のうちの五人分の配符が下久世《しもくぜ》荘に到来していた。これに対して下久世荘公文久世弘成《くぜひろなり》は、五人の人夫を出さなくては「叶うべからざる由」承ったが迷惑である、三人は出すが二人は免じてほしいと「皆々」が申しているとの書状を、荘園領主である東寺の公文所宛てに出している。下久世荘の「名代《みょうだい》（百姓の代表）」も「名之夫」を出せと云われたが、二人は「名之夫」として出す、しかし残る三人は地下の人夫を出すことで了承してほしいと訴えている（『東寺百合文書《とうじひゃくごうもんじょ》』）。「名之夫」と地下の人夫との差異は、「名之夫は一年中神役をつとめる夫である」と記されていることから、「名之夫」が諸費用地下負担で出す人夫であったのに対し、地下の人夫は、荘園領主が費用を負担する雇用の人夫であったと推測する。したがって参宮の人夫は、各荘園領主に割り当てられたとき、一般の荘園内の夫役《ぶやく》同様の形態で地下負担で務めるか、荘園領主が費用を負担する雇用の形態で務めるか、負担方法をめぐって、負担人夫の数と共に、地下と荘園領主の間に新しい争点を生みだしたといえる。どちらの形態を取るにしろ、荘園領主や地下にとっては、新加の夫役であったことに変わりはない。

荘園に課された負担の増加

そして見逃すことができないのは、九月の参宮に先立つ七月初めの京都の大火である。七月二日柳原邸からの出火で内裏（皇居）が焼けたため、天皇は白雲寺に逃れたが、民家は三〇〇〇軒ほどの大焼亡となり、南北三丁東西三丁の大火災だったので、薗・菊亭・冷泉など多くの公家も家を失ったのであった。(『大乗院寺社雑事記』)。大火で荒廃した京を後《あと》に、御台が伊勢参宮に出発したことは、民衆の反発心をくすぐる結果となったと思う。

ここで起こったのが、文明十二年(一四八〇)九月の土一揆である。したがってこの土一揆の背景には、文明十年一月と七月の、幕府の土御門内裏修理のための京の七口での関所設置、それに反対する十二月の土民による関所撤廃行動(土一揆)という階級対立から、一年も経たないうちに行われた文明十一年九月の富子の伊勢参宮による負担の増大が原因であったことは容易に知りえよう。参宮の一年後に、大土一揆が発生した。

土一揆と徳政

文明十二年の大土一揆

文明十二年（一四八〇）九月に起こった土一揆《つちいっき》は、一つは文明十年の場合と同じく関所撤廃を目的としていたが、幕府からすぐに徳政令は出されなかったので、土民たちは土倉などに押し寄せて相対《あいたい》で借金棒引き交渉を行い成功するという「私徳政《しとくせい》」が実施され、土倉から質物を引き出していた。しかし土一揆側が強行手段に及び、放火がなされたところもあった。

このような深刻な事態に直面したためであろう、御台富子が動くことになる。九月の『大乗院寺社雑事記』には「先日（土民が）徳政の事を申し出たので、御台（富子）より方々の領主たちに仰せつけられ、その在所々々を成敗されたので、まずはいったん一揆は終息した」と記されている。この記述から、土民が徳政令を出してほしいと一揆を起こしたのに対し、御台富子は在所在所の領主に命じて一揆を鎮定させたためいったん一揆は収まっていたことがわかる。表面上は義政治世時代が復活していたが、実質的には文明十一年九月の伊勢参宮を見ても、十二年九月のこの記事を見ても、土民に対する賦課の増大や、徳政を要求して土一揆を起こしそうな在所に対し、その地の領主を通じて一揆討伐を命じるという、土民との階級闘争の前面に立っていたのは、義政ではなく、御台富子であったことがわかる。文明十三年正月にも、富子がまた関立てを計画したが、土民らが申し合わせ、関所を破る準備をしていたため、関所設置は日の目を見なかったという事件があった。

幕府・将軍家との階級闘争

『大乗院寺社雑事記』が、関銭が御台の私物になるのではないかという見方をした背景には、いくつかの根拠がある。その一つは、富子の持つ料所の中に関所があったことである。たとえば近江《おうみ》国舟木関《ふなきりせき》からは毎月六〇貫文の料足が御台の収入として入っていた。この関所はもと守護領であった歴史があるのか、六角氏は文明十一年（一四七九）七月ごろ、押領を繰り返していた。御台の所領の中には、魚公事徴収権など商業課税があり、それと並んで関所での関銭徴収権も富子が所持していたことが、幕府設置の関所の関銭が御台の私物になるのではないかという疑念を、世間に生じさせた理由であったと考える。さらに六角氏の舟木関の関銭押領は、のちの義尚時代の近江親征につながる事実でもあるように思える。

もう一つの理由は、五年後の文明十六年四月の富子の伊勢参宮時、再び大乗院に「輿舁《こしかき》」が徴発されたが、その際大乗院尋尊のもとにもたらされた幕府奉書の加判者は、布施英基と松波頼秀であり、布施氏は幕府奉行人であったが、松波氏は「日野家内者《ないじゃ》」であった点にあった。つまり日野家の「内者」が将軍家御台所の奉行を兼ねることがあったのである。富子の参宮という富子個人の案件の処理には、日野家の家司《けいし》が幕府奉行と共に人夫徴発にあたっていた事実が見えてくる。つまり、私的な家政機関の家司が時には公的な奉行の地位に就き、公務を執行していたことがわかる。このように富子の家の家司（武士階級の家臣にあたる）が必要に応じて幕府奉行に並ぶ執政機関に転化することが、封建社会では存在する。

このように文明十年から十三年にかけてという時期には、関所設置と徳政令発布が、幕府・将軍家と土民の間の争点であった。言い換えれば、諸賦課の増大を徳政令や「私徳政」ではね返そうとする土民が、関所反対のために道留めを行い、徳政令が出る前に土倉と相対で質物取り出しを行う「私徳政」を行い、幕府・将軍家との階級対立を鋭くしたのが、この時期の特徴であるといえる。さらに将軍家では表面上義政執政期ではあったが、事前に大事と小事を選別して、処理できるものは素早く処理する富子の姿があり、このような執政の実績と、大きな財を持つ富子の「家」が執政する姿に重ね合わされて、一揆討伐を領主に命じた富子の姿がクローズアップされたものと考える。

山科七郷と領主山科家

現在の山科《やましな》区から伏見区にかけての京都市の東山以東の地は、中世には「山科」と呼ばれ、近隣の村々が二〜三集まって一郷を形成し、その郷は山科全体で七つあり、「山科七郷惣郷」と呼ばれる広域の大きな村落共同体を形成していた。各村の領主は村ごとに異なるが、「山科七郷」全体の領主のような位置にあって、土民と幕府の間に立って、関銭《せきせん》を徴収したり領主に納入したり、土民側の決議を朝廷や幕府に伝えたり、幕府からの人夫の動員命令を七郷全体に伝えたりしたのが、大宅《おおやけ》郷などの領主であった公家山科家である。

山科家は鎌倉時代から「東三ヶ口」すなわち四宮河原・大原口・粟田口《あわたぐち》の三つの関所を「内蔵《くら》寮《りょう》率分所《りつぶんしょ》」の関所として管轄していた。そのほか長坂口《ながさかぐち》（丹波口）・朽木口《くつきぐち》・楠葉関などの関所が率分関と認められた場合がある。関所からあがる山科家の収入は、四宮河原からは毎月公事銭一貫五〇〇文と薪三〇〇把が入るので、山科家にとっては大きな財源であったことがわかる。

ところが南北朝期以後、四宮河原関の領主権を廻って園城寺《おんじようじ》と山科家が争うという事態が生じた。また山科家が所持する長坂口関においても、蔵人所《くろうどどころ》所属の丹波国栗作御園供御人《くごにん》から、山科家の使者と山科家管掌の御厨子所《みずしどころ》供御人が、西七条の路次で駄別の関

表5　中世山科の郷と領主

中世郷名	札数	現地名	中世領主
野村	70	東野・西野	三宝院 山科家
西山	71	西野山	三宝院 山科家 園城寺
大塚	25	大塚	聖護院
北花山	44（花山）	北花山	青蓮院 （十六世紀頃から下司は比留田氏）
上花山		上花山	
下花山		（現地名に比定できない）	青蓮院
御陵	60	御陵	陰陽頭賀茂家
厨子奥	30		花頂護法院
安祥寺	31	安朱	勧修寺門跡
上野			上野門跡（安祥寺大勝金剛院）
四宮河原	22		北山竹内門跡（曼珠院） 山科家
音羽	42（音羽・竹鼻で）	音羽	清閑寺法華堂
小山	35	小山	清閑寺
竹鼻		竹鼻	安祥寺 勧修寺 清閑寺 （なお応仁二年、音羽、小山、竹鼻は幕府御料所になったが、のち音羽、小山は旧に復す）
大宅里	58	大宅	山科家
南木辻（椥辻）	30	椥辻	山科家

料を徴収した、関銭の代わりに腰刀を奪い取った、として訴えられている。こうした事例から、関所に常駐していたのは、山科家管掌の関ならば、本所である山科家の家司（公家の家臣）や山科の郷民《ごうみん》または山科家の配下にあった内蔵寮や御厨子所の供御人であったことがわかる。

供御人とは、天皇が用いる品物や供御（食料）を貢納した人々や集団をいい、御厨子所、蔵人所、造酒司《ぞうしゅし》、内蔵寮などに属して、生魚・野菜・酒麹・檜物《ひもの》・鋳物《いもの》などを天皇家に貢納するかわりに、課役免除や関所の通行権免除の特権を与えられた人々のことである。室町期、山科七郷では、七郷全体の住民のほとんどが、栗や竹、炭を天皇家に貢納する供御人として、山科家から「内蔵寮御厨子所供御人」身分であることを証明する札をもらっていた。その札の数は文明九年（一四七七）の場合、五三〇枚にものぼっている。五三〇という数は、七郷全体の公事を負担する百姓の家数に近い数字である。したがって山科七郷の住民百姓たちは、米や茶、野菜などをつくり、山科家などの領主と天皇家に貢納するかたわら、京という大消費地に、商売人札を利用して売り捌く、農民と商人の二つの側面を持つ、いわゆる兼業農家であったことがわかる。室町期には、全国的には専業農家が多いが、都市近郊では山科七郷のような兼業農家が多かったことが判明する。

そしてまた関所問題に関しては、山科家の関所が復活するたびに、それらの関所は山科家の家司や山科郷民によって関銭が徴収されるという姿が、繰り返し南北朝期以後の歴史に登場したことになる。

関所の設置権

このように関所の運営つまり関銭徴収には、土民が関与することができたのであり、関銭を払わずに無理に関所を通過しようとする者から金品を取り上げてもよいという了解が存在したことになる。了解どころか、そのような郷民の行動は、関所設置権を与えられた領主に付随する関所「警護」（『山科家文書』）権であると認識されていたから、郷民によって関所の警護が日常的に成されることは、室町期に生きた人々にとっては、特に土民にとっては常識となっていたのである。

土民の軍事動員

関所の設置権は室町期、嘉吉ごろには、朝廷関係の関所を含めて室町幕府の権限に属した。関所を立てるか停廃するかは、幕府の権限で決定された。関所ばかりでなく、永享五年（一四三三）のように、山科七郷と粟津五箇荘の土民は、勢多橋警護に動員されたという例もある。このように関所や橋の警護に動員された土民は、東口などの関所で、幕府命令に従わない「山徒《さんと》」（山法師）などを捕らえ、その具足《ぐそく》などを剝ぎ取ろうとすれば、武装して命に従うのが普通であろう。つまり、室町期、土民の武装を習慣づけたのは、幕府や所の領主という領主階級であったといえる。

「警護」要請は応仁の乱がはじまると、幕府から盛んに出されるようになる。応仁元年（一四六七）、山科郷民は今度の兵革《へいがく》（いくさ）で洛中警護に粉骨したのは「神妙」だと朝廷から称され、二年二月二十九日には、幕府奉行人奉書《ほうしょ》で「一揆せしめ、警護致すべし、……粟田口辺に要害を構え結番を定め」と合戦への参加が求められた（『山科家礼記《やましなけらいき》』）。通路の警護という、それ以前には関立ての際に展開された郷民の行動を、幕府が是認し、警護行動以上に、京中の粟田口まで出張して、軍事行動に参加させせようとしたのが、幕府奉書であったことになる。つまり応仁の乱中の「警護」とは、味方が往反《おうはん》しようとすれば「警護」をなし、敵が通路を通ろうとすれば「堅く差し塞ぐ」（『山科家礼記』）行為であった。室町期に山科郷民が関所において自主的に採用してきた行動は、応仁の乱中、「警護」行為として、明確に幕府是認の行為となった。関所を維持するための郷民の行動は、応仁の乱中、幕府に軍事行動として利用されることになったのである。

山科七郷惣郷の成立

では、山科七郷は幕府からの軍事行動への参加要請を受けて、どのようなかたちで態度決定を行ったのかが、次のテーマである。七郷は惣郷に属する郷民の集会によってこれを決めている。

応仁二年（一四六八）三月十七日、七郷は安祥寺《あんしょうじ》で集会を開いた。そこで先に（二月に）、合戦への参加を呼びかけた幕府奉書を議題として掲げた。続いて六月、七郷の「野《の》寄合《よりあい》」（野外での集会）を持ち、そこには七郷の「面々」は各々具足を付けて出席した。その理由は応仁の乱中に幕府から参加を求められたのであるから、「警護」のときの装いである具足姿で出席したのであろう。六月時点での野寄合の議題は、畠山義就の守護職就任に伴う半済《はんぜい》実施についてであった。野寄合に具足を着けて出席したのは、各村の中老《ちゆうろう》・年老《ねんろう》各一人を含む一〇人の代表たちである。年老とは、村の「おとな」と呼ばれる経験豊富な年配百姓であり、中老は壮年の村の有力百姓である。一郷から一〇人ずつの村の代表者が集まったのであるから、総勢七〇人の集会だったことになり、そのような大人数が具足を着けて集まるからには、野外でなければ集会の場もなかったであろう。右に述べたように、山科七郷の武装と軍事行動への参加は、南北朝期から山科家管掌の関所が設置されたとき、それを維持するために武装する習慣があったことを前提に、応仁の乱中、武装は幕府から公認されて味方に招かれるというかたちになり、堂々と土民の具足姿は歴史の表舞台に登場した。そこで郷民たちは、公認の具足姿で、村落の意思決定の場である七郷惣郷の集会に武装して出席したのである。

土民たちの応仁の乱参戦

応仁の乱で新たに登場したのは足軽だけではなかった。足軽は傭兵であるが、山科七郷のように、一般百姓が東西両軍に軍事動員され始めたことの意義は大きい。土民たちは武装を公認されることと引き替えに、乱に参加させられ、被害を受けることになる。

東幕府からは応仁二年（一四六八）「郷々寄合、要害を構え、差し塞ぐべ」きことが「山科七郷名主沙汰人中」に求められたのに対し、西幕府足利義視方からは、東軍の使節と山科家雑掌《ざっしょう》（家司）大沢氏を「当所として」処罰すべきことが、「山科内大宅里地下人中」に対して求められている。一方が山科惣郷を味方に引き入れようとすれば、他方は個別の郷に誘いをかけていることがわかる。山科七郷郷民の武装と軍事行動は、応仁の乱によって公認の姿になったのであり、武装した郷民はその姿を七郷全体の意思決定の場すなわち「野寄合」に持ち出したのであった。

双方から誘われた山科七郷は、東軍に味方することを決定するが、その背景には次の事件が関わっていた。応仁二年三月、大宅郷の弥九郎右衛門の馬が、五条辺で西軍の者に奪い取られた。困った郷民側は、代銭五〇〇文を渡してようやく馬を取り返す事態になっている。のちにこの犯人は西軍畠山義就の家臣甲斐庄の被官「はしわ」であることが判明する。郷民に対して掛けられたこうした迷惑行為が、七郷全体を六月になって東軍に参加させた理由であったと考える。

従来、山科七郷惣郷の成立は、この事件以後の応仁二年六月であるとされていたが、右に論証したように、それ以前の二年三月安祥寺での集会と三月の西軍による馬の奪い取り時点であったことは明白である。

しかし郷民が武装したことによる反動も大きかった。東軍に加わった山科は西軍に攻められ、六月の終わりには、七郷中六郷が消失するという大被害を乱中に受けたのである。参戦の代償はあまりにも大きかった。

山科七郷「郷中関」と山科家

応仁の乱がようやく終息する段階に到達した文明九年（一四七七）十一月十九日、山科七郷は神無森《かんなしもり》に「郷中関」を設け、寄合で関銭の配分を決定するという、注目すべき事実を成立させている。本所山科家が関を立て、関銭を配分するのではなく、郷民が関所を立てることを決定し、関銭の配分も郷民の寄合で決定したのである。まさに土民主導の関所設置と関銭の配分であった。その経緯を見てみよう。

十一月十九日、大宅郷の三郎兵衛の所で「七郷」の寄り合いが持たれた。議題は「関の事」であり、関銭の配分を三分二は郷中へ、三分一は山科家の雑掌大沢久守《おおさわひさもり》方へ出すと決定された。その前に進藤《しんどう》加賀、粟津《あわづ》筑前入道、浄垂の他四人の者が久守方で談合しており、そのうえでの寄合の決定であった。進藤加賀は西山、粟津筑前入道は音羽、浄垂は野村の人物である。この三人は各郷の代表的おとな層に属している。他に四人がいたというから、山科七郷から各一人の代表が参会したことになろう。当時山科東荘（大宅郷）の代官職は大沢久守に預けられており、本所山科家は応仁の乱を逃れて坂本に退去していたため、本所に代わって大沢氏が関銭徴収を担当していたのである。したがって、神無森に設置された郷中関は、七郷惣郷が主導権を握りつつ、山科家家司大沢氏と共同で立てた関所であったといえよう。

このような特異な関所がなぜ成立したのであろうか。その理由を探ってみよう。

十一月十九日の直前十一月二日に、幕府は内蔵寮領である長坂口（丹波口）率分関を再開させた。内蔵寮を預かる山科家がこの関所の本所であるので、再開されれば関銭は山科家に納入されるから、関所の再開は山科家や七郷にとって喜ばしい事態である。長坂口関の代官職はこの当時「九郎五郎」と「さへもん太郎」が所持していたので、両人は、毎月一〇貫文の関銭を請切《うけきり》（定額の請け負い）で山科家に納入すること、過書（通行手形）は山科家の判のみを用いること、狼藉者は（本所の意向を）承って「生害」（自害）させることなどを請文に書きのせている。

このような郷中関設立の一七日前の状況から考えて、山科七郷の郷民たちは、長坂口関の再開に刺激され、長坂口と同様の関所設置が認められる状況があったことを察知し、長坂口と同様の郷民主導の関所を設置できると考えたのであろう。

もう一つの理由は、十一月七日の幕府の奉書にある。幕府は二通の奉書を発行し、一通は内蔵頭家（山科家）雑掌宛てで、西軍の土岐成頼が下国途次山科を通るので、追伐すべきである、山科郷民を馳せ催し、通路を塞ぎ、戦功に抽《ぬきん》ずべきことを命じるものであった。もう一通は「山科郷沙汰人中」宛てで、内容は同じであったので、雑掌大沢久守は、これを受けて、沙汰人つまり宿老《しゅくろう》・村々の乙名《おとな》・郷民代表宛てに施行状《しぎょうじょう》（実施命令書）を出したのであった。つまり幕府は七郷郷民が沙汰人を指導者に、東軍として戦闘に参加することを承認し、その働きに期待していることがわかる。

幕府の期待と郷民の思惑

西軍土岐氏の下国途中の場所で、追いかけて討ち果たすため、「通路を塞ぐ」行動に出るには、関所を設置し、そこで土岐軍を道留めし、対戦する方法が一番有効であろう。よって十九日の郷中関は、幕府によって承認された、東軍としての軍事行動の一環として設置されたものであったことがわかる。

雑掌大沢久守はこの事態に対処するため、轡《くつわ》を一五〇文で買い、山科郷の鍛冶に小刀一つを持参させた。同族の大沢資茂は腹当《はらあて》二両、兜（冑）二頭を用意している。山科家の雑掌と七郷郷民は結束して、関立てと戦闘準備に入ったことがわかる。郷中関が誕生したのは、山科家雑掌と郷民の結束を基礎に、南北朝期以来東口関を運営してきたという実績と、応仁の乱中に必要度が高まった軍事行動に、郷民が参加させられてきたという伝統にあったといえる。

実は郷民側の思惑は、幕府や雑掌の意図を越えていた節がある。関立て直前の『山科家礼記』十一月十六日条に「七郷ふにう《（不入）》の事、かうちう《（郷中）》より申候」とあるので、七郷惣郷は関立てとその警護だけに邁進しようと思っていたのではなく、さらに大きな要求である、七郷への守護不入を目指していたことがわかる。七郷の東堺にある神無森に関所を立て、西軍を阻止することで幕府の要請に応じつつ、惣郷の力を世間に見せつけ、そのことで「守護不入」を実現しようとしていたと考える。

翌十七日（関立てから二日前）、足軽の粉河四郎左衛門の使が、大塚郷に関一所を立てたこと、これは七郷の西北堺にある汁谷《しるたに》峠の枝関であると知らせてきた。この知らせが七郷に衝撃を与え、関所維持の前史を持つのは七郷であり、足軽が立てる関所に甘んじるのではなく、それに対抗して、郷中関を立てるべきだ、という思いを郷民に植え付けたのではなかろうか。

同じ日に大沢久守方に、内蔵頭山科言国《ときくに》宛ての「勅裁」（天皇家の文書）が到来し、七郷内当知行分やその他の処々を安堵するという文言が並んでいた。つまり本所山科家としても、名字地《みょうじのち》（山科の名を名乗ったゆかりの地）である山科東荘など当知行できる処々は何としても確保したかったが、その上に勅裁を得たのであるから、郷民と雑掌による関立てを黙認し、郷民との協力に踏み切ったと考えられる。

守護不入権獲得への期待

関立て前日の十八日、野村の五郎左衛門入道、西山の進藤加賀、音羽の粟津筑前入道の三人が、大沢久守宅に夕飯に来ている。そこで談合したのは「守護事、関事」であった。つまり十九日の関立の前日、雑掌と七郷宿老中の主要人物三人は、関所を設置し、それを長く維持するために守護不入権を確立することを目指すことを相談していたことがわかる。

関立と武装しての関の警護や軍事行動に至るまでは、七郷郷民には武力行使が認められていた。しかし「守護不入」権を獲得するためには、大きな段差を乗り越えなければならなかった。十九日の寄り合い当日、かねてより七郷に入部していた東軍（細川方）の本庄三郎衛門が音羽郷よりやってきたため、東軍に配慮して、表面上は軍事行動のための郷中関設置として、実施に移されたと考える。しかし雑掌と七郷郷民側の意図は、「守護事、関事」と表現されるように、守護不入権を関設置と共に確立しようとする点にあったことがわかった。このように文明九年（一四七七）十一月の「郷中関」設置は、守護不入権を獲得して、郷民が幕府・武家権力から自立しようとする壮大な意図を秘めていた。文明九年という年はまさに幕府が東西に分かれており、その上「公方の下知に応じる国は一つもない」と『大乗院寺社雑事記』で述べられた年である。

十一月十九日の関立て決定以後、関所の維持運営はどのようになされたのであろうか。『山科家礼記』十一月二十一日条には、「今日神なしもりニ関立、七郷もの丶也、此方も一分也」とある。この神無森の関所は、七郷郷民が主役で、山科家が一部加担して成立した関所であったことが示されている。この関所が郷民主導の関所であったため、この日の山科家雑掌大沢久守の取り分は「一貫六百文」であった。

翌二十二日には「神無森関五十嵐弥五郎、上使三郎兵衛出づ」とあるので、五十嵐弥五郎と大宅郷の三郎兵衛の二人がこの日の関運営責任者として東荘（大宅郷）から出たことがわかる。三郎兵衛は文明十二年には政所を務めることになるおとな層に属する人物であり、この日は上使として出たのであった。大沢氏のこの日の関収入は一貫一〇〇文であった。

山科郷民は同じ日の二十二日に野村で寄合を持った。関の事が議題であった。寄合には東荘から二郎衛門が出席した。このように、東荘（大宅郷）では、関所には三郎兵衛、寄合には二郎衛門などと、おとな層の中で代わりあって代表を務めていたことがわかる。

関所乱立の時代

内蔵寮管掌の関々は、文明九年（一四七七）の十一月、十二月には所々で復活していた。大沢氏のもとには、長坂口（丹波口）や神無森関、辰巳（南東）口関などから関銭が到来した。このように、幕府に動員されたとはいえ、郷民が所々の関所で西軍を阻止する行動を活発化したことが、応仁の乱が十一月末をもって終息に向かった理由の一つであったと考える。

十二月十七日、七郷の人々には嬉しい出来事があった。七郷内の商売人に対して、大沢久守の判（花押《かおう》）で札が出されたからである。野村は七〇枚、西山七一枚、栂辻三〇枚、花山四四枚、御陵六〇枚、厨子奥三〇枚、大宅五八枚などである（表5参照）。この札の数は地下《じげ》の百姓の棟数とほぼ一致することは以前に明らかにした（拙稿「徳政一揆に関する一考察」『中世村落の構造と領主制』所収）。ここではこの札が大沢久守の判で出されたことに注目したい。

七郷内に所領を持ち、関立てのときには一緒に実行した東荘の代官大沢久守は、乱を避けて坂本にいた本所に勝る信頼関係を、七郷郷民と築いていたであろう。さらに、七郷の関設置と同じ日に、坂本の今道新関が立てられたので、往還できなくなり、七郷内の安祥寺に御料所関が立てられ、枝関まであるという、関所濫立時代になっている。したがって大沢氏の判は、表に「山科者」と書かれていることから見ても、山科七郷の郷民であることを証明する過書《かしょ》（通行手形）であったといえる。

神無森関のゆくえ

その後、郷中関たる神無森関はどうなったのであろうか。十二月十九日に新たな展開が見られる。幕府は山科家宛てに「内裏修理料関一所を御陵《みささぎ》に立てたので、自然の儀があれば代官に合力《ごうりき》し、関務を全うすべきである、次に当所内神無森の新関は、時日を移さず停廃する」という奉書を送ってきた。神無森から数町西方、現在の三条街道（東海道）沿いの御陵村に幕府が関所を立てるので、郷中関は廃止するという命令である。このような幕府の命令が十二月十九日という郷中関設置一ヵ月後に出されたのは、内裏修理は名目で、郷中関のような郷民主導の関所が立てられることの危険性を察知した幕府の、郷中関圧殺にこそ真意があったと見てよいだろう。七郷は二十一日、二十二日に、大塚郷ついで大宅郷で寄合を持ち、「七郷関」を重ねて申請しようと、進藤加賀が発言したが、関所が再開されることはなかった。

大御所政治の背景

文明十年（一四七八）、大御所義政が再び執政し始め、義尚は翌十一年判始めなどを行い、将軍としての執政機構をつくり始める。富子は十年には義政への取り次ぎを行う中で、重事は義政の判断に任せ、小事は自ら決済するというかたちで、政治を補佐し、また義尚の後見役を務め始めていたことは前述した。

文明十、十一年のころ、幕府は内裏と室町第の再建を重要課題とし、関所設置以外に、室町第造営段銭を諸国に課し、室町第造営と内裏修造のための棟別銭を洛中洛外や畿内に課していた。内裏修造が焦眉の課題としてあったことは事実である。したがって文明十年から十一年時点の関所設置や段銭・棟別銭賦課に反対する土一揆の行動は、正確には内裏修造を肩代わりした幕府と、京都とその周辺の国人の対立であったと見るべきであろう。

翌文明十二年の九月、大土一揆が勃発する。このたびの土一揆の目的は関所撤廃だけにあったのではなく、私徳政も行われ、一揆方は土倉からの質物《しちもつ》引き出しに成功し、そのための手段として放火もなされるという強行手段にも及んでいた。この土一揆の詳細についてはのちに述べることにする。

土一揆勃発の発火点

実はこの土一揆が起こった理由は、その直前になされた富子の行動が、発火点になっていたからであるという説がある。『大乗院寺社雑事記』には、「先日徳政事申出之間、御台より方々の領主共ニこれを仰せ付けられ、其在所〱を御成敗《せいばい》之故、先ず以ってこれを止め了んぬ」とあるので、九月の土民蜂起の前提に、土民が徳政要求をしたことに対し、御台が各地の領主に命じて、土民を成敗させたことがあったことが明らかになる。先述のように、御台富子は文明十一年（一四七九）九月十四日から伊勢参宮に出かけていた。ということは、文明十年七月から始まった山城国人の通路を塞ぐ行動は、十一年九月まで持続しており、それに対して幕府は関銭・棟別銭を賦課したうえ、参宮の人夫を課し、また富子の命令で土民を成敗させたことになる。

ただし、土民成敗がほんとうに富子の命令によって成されたかには疑問が残る。表面上は義政の執政が確認されるからである。以前、義政執政期にも、御台富子は義政に決済を求めるべき事項は義政を動かし、小事は奉行に命じて執行させたり、文明九年には「御台一天御計之間」と『大乗院寺社雑事記』で述べられたように執政しており、それゆえに礼物を諸大名から送られ大きな財を形成していたことを前述した。加えて文明九年七月、富子は畠山義統に一〇〇〇貫文を貸し付けた。畠山義就・義統、大内政弘らは九月末以降あいついで下国した。このように富子の財は、大名が消費した戦費の埋め合わせのため使われ、西軍武将の一斉引き上げに功を奏したのである。

文明九年に応仁・文明の乱が終息した理由は、富子の政治力と経済支援だけにあったのではなかった。この年四月に、義政は小河新第に移ってきて、富子と同居したので、諸大名は大刀を義政に贈り、これを喜んでいる。将軍家が一つになったことを背景に、七月七日、夫妻は「禁裏歌合」に参加して、天皇家や公家との親密な関係を再構築し、八月二十五日には幕府和歌会を開いたので、若宮（のちの勝仁親王・後柏原天皇）や伏見宮邦高親王以下の「公武数十人」が歌を詠進している。このように富子は文化の面からも天皇家・将軍家・公家・武家の協力関係を再構築していたことが、土民たちにも正しく認識されており、ほんとうに執政していたのは御台所であることが見すかされていたからであろう。

内蔵寮の関所を数多く管轄していた公家山科家は、文明十二年（一四八〇）ごろには朽木口・長坂口・西口・南口・辰巳口の関所と木幡関《こわたせき》などを所持していたが、朽木関はこのころ高利貸の「高野蓮養坊《たかのれんようぼう》」の請切であったことが判明する。実務は蓮養の「内者《ないじゃ》」（家来）である菅出雲が執っていた。また関銭については、多くの関所の設置が許されていることから見ても、山科家には多額の関銭収入があったことが推測できる。つまり、郷中関が廃止されたあと、関所運営は郷中の手を離れ、高利貸の手に委ねられるかたちに変化し始めていることが読み取れる。

文明十二年の土一揆

応仁十二年の土一揆は右のような状況の中で発生した。幕府は文明十年一月と七月に、土御門内裏修理を名目に、京の七口に関所を設置したところ、それに反対する土一揆が起こったことを先に述べたが、二年後の十二年土一揆が再び蜂起したのである。このたびの土一揆の目的は関所撤廃と「私徳政」の実施にあった。八月二十七日幕府は「御料所関」の設置を命じた。東寺の領地である八条大宮にも、東寺の反対にもかかわらず関が立てられた。このように寺社領・公家領を厭わず、八月ごろから幕府は京の七口に関所を立てたのである。そうすると山科家や近衛家などの公家の所持する関からも、関銭が納入されることはなくなる。この関所設置の目的は「武家自用」にあり、内裏修理は「不及沙汰」つまり名目にすぎなかったと公家の中御門宣胤《なかみかどのぶたね》は『宣胤卿記』で記している。なぜなら内裏修造の一応の完成と天皇の帰還は十一年十二月に果たされていたからである。したがって文明十二年の幕府の七口関設置は、幕府収入の増大を目的とするものであったことを、白日のもとに曝すことになった。

土一揆の拡大と質物取り出し

土一揆は九月十一日に蜂起して、鬨《とき》の声をあげ、所々に火を放っている。土一揆は初めのころには東寺に陣を取り、十一日から十五日には下京で活動する。十五日ごろには内野《うちの》（旧内裏）辺に充満して寺院や民家に放火したりしたが、方針を変え、酒屋土倉や公家に兵糧を課す戦術に切り替える。物騒になったため禁裏では番衆の人数を増し、公家だけではなく赤松氏や管領畠山政長も警護のため参内している。一揆側は十七日から所々の土倉で質物を取り出した。このように下方《しもかた》から内野辺へと広がった土一揆は、十月になると北白川辺で集会を開き、関所を焼き払う行動に出る。一揆は順次北方へと拡大していることがわかる。

このように土一揆の勢力は日毎に大きくなっていった。幕府は諸大名に命じて追却させようとしたが、防ぐことはできなかった。その理由は、「京中上下同心」して土倉の質物を取り出したからである。この事態は日を追って大きくなり、十分一、五分一、三分一、半分の用途で質物を取り出した。つまり、質取りには公家や武家も加わり、内心では土一揆に同心していたので、大名軍は組織できなかったことになる。このことは、貸借関係上、借主側に多くの公家、武家やその被官がいることからも明白である。質取りの順番をめぐって、徳大寺家の侍と赤松氏の家臣小寺氏が争い、徳大寺家の侍が殺されているほどであるから、どれほど多くの武家や公家の被官人が質取りに我先にと加わっていたかは、想像に余りある。この時出された分一《ぶいち》徳政禁制は、のち分一徳政令に切り換えられた。

ではなぜ質取りに多くの人々が殺到したのだろうか。それは関所の後ろに高利貸があって代官請をしており、彼らは通常の土倉営業においても多くの人々の銭主側にいたことにあった。高利貸の二つの商行為、つまり関銭請負と通常の土倉営業に対する土民の怒りが潜在的に存在し、それに火を付ける役割を果たしたのが幕府の七口関設置であったためであると思う。

七口関設置撤廃による山科家への影響

そして注目されるのは、九月十一日に土一揆が蜂起したがその直後は質取り行為が中心で、関所に関心が移るのは、十月以降であることである。北白川で関所が焼かれ、長坂新関と八条大宮関が停廃された。土一揆は「東西南北」の新関に各々押し寄せて破却し、その最後の関所が長坂新関であったという。この長坂新関の破却をもって、七口関はすべて土一揆によって破却された。一揆衆は今後関立てする在所に押し寄せ、放火すると主張している（『東寺百合文書』）。関所撤廃という目的は、短期間のうちに、土一揆の力で徹底的に達成されたことがわかる。

では京郊山科の七郷の人々はこの一揆に対してどのように対処したのであろうか。領主山科家の警護のために京に上っていた「いや五郎」は、質取りに加わり、その「いや五郎」が帰ったのを待ち兼ねたように、九月十七日に七郷の土一揆が起こる。最初に京の土一揆が蜂起したのは、九月十一日であったから、七郷の一揆はこれに連動し、「いや五郎」の質取り行為の影響を受けて起こされたものであることは明白である。十七日に発生した七郷の土一揆は京へ上り、二十一日に帰ってきた。雑掌大沢久守はじっとしておられず、五〇〇文を西林院から借りるため、十分一徳政のことと兼ねて京へ上っている。久守は、質取りに加わらないまでも、西林院を見舞って、時勢を受けて利の引き下げを交渉した可能性はある。「いや五郎」、久守共に「十分一」と述べているので、土民はおおかた、五分一や三分一ではなく、十分一という少額を出すことによって、質取りを行ったのであろう。

この文明十二年（一四八〇）九月から十二月にかけての土一揆により、山科家が受けた打撃は大きく、関銭を徴収できる関所が朽木口と淀口のみに激減したこと、つまり京の七口の関所をすべて失ったことと、その二ヵ所からの関銭収入も不安定になったことである。文明十三年以後はこれら二関を含めて関銭収入そのものが期待できなくなっている。

土民からの徳政要求

文明十二年（一四八〇）の土一揆では、関所設置反対と徳政要求が土民側の要求であった。この土一揆に関所運営を担ってきた山科のような京近郊農村の郷民が参加したのは、繰り返し述べてきたように、郷民が関所運営を担ってきた歴史があったのに、このたびは幕府設置の関所で、関所の本所とは関わりがなかったため、郷民側に何の利益もないばかりか、関所の過書を山科家から得ていた山科七郷のような郷村では、京への商行為ができなくなるおそれがあったこと、またこのころには山科家管掌の関所は高利貸の代官請けとなるものが多く、高利貸には土民をはじめ公家も武家も借銭《しやくせん》をしているという状況であったことが根底にあったと考える。『山科家礼記』によれば、足利義尚ですら質に置いたものがあったので、「土一揆同やうに」質取りをしたという。土一揆が伏見殿へ参り、練貫《ねりぬき》（生糸を経《たて》、練糸を緯《よこ》として織った絹織物）一つを与えられているのも、伏見殿の借銭が土一揆のおかげで質取り対象になったのに感激したためであろう。

ゆえに、文明十二年の土一揆は、七口関設置反対と徳政要求の二つを掲げて蜂起した土民の、幕府に対する階級闘争であったといえる。幕府側には土倉と少数の銭主側公家・寺社・武家がいた。土民側には京中と近郷の土民に加えて、多数の借主側公家・武家がいたことも事実である。しかし一揆の主役は土民であったことに誤りはないのである。

武家の執政、公家の外護者

壮年の日野富子

足利義尚の将軍時代

青年将軍義尚の自立

文明五年（一四七三）に九歳で将軍職を譲られた足利義尚《よしひさ》ではあったが、当初は義政《よしまさ》、日野勝光《ひのかつみつ》、実母富子《とみこ》らの後見態勢が充実していたため、応仁《おうにん》の乱《らん》を終息させ、土一揆《つちいっき》を押さえ込み、外見上は一定の安定期を現出することができていた。そして、文明十一年、十五歳になった義尚は、判始・評定始・沙汰始を行って、ようやく青年将軍としての姿を見せ始める。

義尚のまわりには次第に近臣たちが集まり始め、大館尚氏《おおだちひさうじ》、伊勢貞頼《いせさだより》、杉原宗伊《すぎはらそうい》、結城《ゆうき》政広《まさひろ》ら、歌人として名が残る者が多く参集した。翌文明十二年四月、義尚は日野勝光の娘を妻に迎える。こうして義尚は、日野勝光が文明八年八月に死去したあとは、主に富子の教育と後見を受けつつ、将軍後継者として、ついで将軍として自立していくのである。

富子の財力と資金運用

いっぽう大御所となった義政は、一転して政治に意欲を失い、酒を好むようになり、その退廃的風潮は家臣たちにも影響し、一般政務は御台《みだい》富子に任せるようになっていた。『大乗院寺社雑事記《だいじょういんじしゃぞうじき》』文明六年（一四七四）閏五月の条に、「公方ハ大御酒、諸大名ハ犬笠懸《いぬかさがけ》」、「天下公事修ハ女中御計」とあるのは、義政や大名クラスの武将たちの厭戦気分と退廃、そのため政務は富子の執政に委ねられていたことを端的に示している。この状態は、以後しばらくの間続いたのである。

三つに分かれていた将軍家の中で、唯一執政を担当していた富子の元に、礼銭や礼物が集まるのは道理であろう。同じく『大乗院寺社雑事記』文明九年七月条に「御台一天御計之間、料足《りょうそく》共その数を知らず御所持」とあるのは、まさに富子が執政しており、そのために多くの私財が自然に集積されたことを表現していた。ただ富子は私財蓄積を目的として執政していたわけではなく、畠山義就《はたけやまよしなり》への一〇〇〇貫文貸し付けがこの年文明九年七月であったことを前述したように、惜しげもなく大名・小名に軍勢引き上げ費用を渡し、応仁の乱を終息させた。富子は大きな財を形成していたが、その財産の使い方は思い切ったものであり、武士階級に配布して乱を終息させ、天皇家、公家・寺社や女官にまで、火災に遭い経済的にも困窮していた支配階級に手を差し伸べるという、将軍家としての使用方法に誤りのないものであったといえると思う。

義政の財源となった日明貿易

一方義政が政治に興味を無くして酒におぼれていた時代にも、決して義尚に譲らなかった権限が一つある。それは禅宗寺院を初めとする寺社統制権とそれに付随する外交貿易権である。義政が義尚に将軍職を譲ったあとの文明七年（一四七五）、義政は明《みん》の皇帝に書状を送り、「日本国王源義政」と署名している。ここには自分こそが日本国王であるとの気概があふれており、書状には「日本国王印」が捺してある。

日明貿易は、三代将軍義満時代から幕府主導で行われており、幕府が認定した遣明船《けんみんせん》は、さまざまな鉱物や武具、屏風や扇などの工芸品を明に持参し、代わりに日本で銭貨として用いられる銅銭などを輸入していた。文明年間の明への輸出品は太刀・馬・鎧・屏風・扇、それに硫黄・瑪瑙《めのう》などで、日本への輸入品は銅銭と書籍であり、特に輸入品目は、日本側から要求したものである。このほか、宋・元時代の水墨画が「唐物《からもの》」賞翫《しょうがん》の風潮のなかで、求める人が多かったため、数多く輸入された。

義政の治世には、乱前の宝徳三年（一四五一）と寛正五年（一四六四）に遣明船を送っていた。文明年間には、文明八年四月に堺を出航した遣明船が十一月に帰国している。このとき出航した三艘の船のうち、一艘が幕府船であった。船には五山《ござん》の禅僧や商人が乗り込み、明の皇帝からは銅銭五万貫が贈られた。たいへんな金額である。こうして義政は当時の日本最大の銅銭所有者となった。

五万貫が莫大な金額であったことは、日野勝光が亡くなったときの財産と比較してみるとよくわかる。勝光は文明八年六月に四十八歳で亡くなったが「七珍万宝」と共に、料足「八万貫」を残して亡くなったという。日野勝光の遺産としての料足と同じくらいの銭貨を、将軍家は一度の遣明船の派遣で得たのであるから、義政が明との外交権を絶対に手放さなかった理由がよくわかる。

文明十五年四月にも遣明船が出発した、この時は帰国が遅れ、帰ったのは三年後の文明十八年七月であった。三艘が出立したがうち二艘までが幕府船であった。幕府船とはいっても、幕府の吏員が乗り込むのではなく、一艘を四〇〇〇貫文で請け負わせるのであり、請負料は幕府収入になる。このとき義政は前回文明八年の銅銭の大量増与に鑑みてか、二倍の「十万貫」を要求している。義政としては、文明十二年ごろから手を染めていた東山山荘造営の資金をここから出そうと思っていたのであろう。使い道は別にしても、遣明船の派遣による幕府の利益の大きかったこと、特に銅銭を大量に手にしたのは、ほかならぬ義政であったことは明白である。富子が裕福であったことは疑いないが、それに数十倍、数百倍もの銭貨を、義政は一度に手にしていたのである。

室町殿義尚の誕生

義政は文明十二年（一四八〇）ごろから、特に政治への関心を失い、文化に立ち入り、山荘造営に熱中し、風流《ふりゅう》の道に没頭し始める。

この年、室町第の作事が再開されたが、そこに戻る意志は義政にはなかったのか、文明十三年、小河御所（小河第）から岩倉長谷《いわくらながたに》の聖護院《しょうごいん》の宿坊に移り、山荘造営に本腰を入れ始める。文明十四年には山荘造りを開始し、人夫を集めて基礎工事に入る。寺社に対する知行《ちぎょう》安堵権は相変わらず義政の手に握られていたので、寺社などの荘園領主層を山荘造営に協力させる方策は、義政の元に確保されていた。

文明十二、十三年、義政が文化に傾倒し、山荘造営に熱中し始めたころ、義政・義尚の父子関係は極度に悪化した。いまだに寺社統制権と外交貿易権を握り、大量の銅銭を所持している義政に対し、義尚は奉公衆とともに、政権担当者として登場する機会を窺っていたが、義政は一向に既得権を渡さなかった。

この対立に、徳大寺公有《とくだいじきんあり》の娘に関する問題（義政の側室であったこの人に、義尚が思いを寄せた事件）が絡んで、父子の仲は最悪になった。義尚は二度にわたって髻を切って、正月の参賀も受けていない（『大乗院寺社雑事記』）。このような大人の父子対立が鮮明化した時期には富子の出る幕は少なくなり、近ごろとみに「御威勢なし」といわれるほどであった。

しかしこの将軍家の分裂状況は、文明十五年、義政が浄土寺の東山山荘に移徙《いし》し、「東山殿」と称されるようになったことによって解消される。義政は東山山荘の常御所《つねのごしょ》に住んで風流を専らとする生活に入ったので、義尚は晴れて室町殿となったのである。

東山山荘造営の功罪

浄土寺につくり始めた義政の山荘「東山山荘」は、文明十五年（一四八三）に常御所ができたので、義政はここを自身の居所と定めて移ってきた。その後、西指庵・超然亭・東求堂《とうぐどう》・会所などが次々にでき、延徳元年（一

図20　足利義尚（地蔵院所蔵）

四八九）に観音堂（銀閣）が上棟されて完成に至っている。七年にわたった工事であった。この東山山荘は義政自身が構想し、「西芳寺《さいほうじ》」を手本に、狩野正信《かのうまさのぶ》や相阿弥《そうあみ》など、当代の名手を呼んで絵や飾りを担当させるという、義政の文化的力量を完全燃焼させた山荘であった。そのため建設中に、以前の自らの生活態度を改め、酒にかわって茶を好むようになった。このことからも、義政の得意な分野が、政治ではなく建築・造園・書画の観賞などであったことがわかる。義政の熱意の凝縮された山荘を見た禅僧は、東山山荘は「実に西方浄土というべきなり」「殿の結構眼を奪う、一時の栄なり」（『鹿苑日録《ろくおんにちろく》』）と感嘆の声をあげている。得意分野で持てる才能を十分に発揮できるようになった義政は、ここに至って自らの生活態度を一変させたのであった。

この東山山荘建設の費用はどのように調達されたのであろうか。第一には先述の義政が獲得した遣明船の利益が宛てられたことは容易に推測できる。第二には、守護大名からの出銭《しゅっせん》、人夫の提供、名物《めいぶつ》の提供があったこと、第三には幕府が諸国に課した段銭《たんせん》で、東山山荘造営のための「要脚段銭」は「国役」として課され、守護大名や奉公衆が領国や所領から徴収した。第四には、山城《やましろ》国内の荘園領主に負担させた費用や人夫の提供があげられる。特に文明十八年以後、諸国からの費用が滞りがちになったため、山城の荘園からの人夫や費用が占める割合が増大した。それは、文明十七年に山城国一揆が起こって以後、幕府、将軍家の威令が急落したためである。逆に見ると、山城国一揆成立の背景には、南山城の国人・土豪層の意識的成長と共に、義政の山荘造営費用や人夫の徴発が、山城の諸荘園に集中してきたこととの関連が大きいと感じるのである。

乱後の御台の後見と執政

応仁の乱後の、文明六年（一四七四）から九年の間は御台富子の執政期間であったことを前述した。それ以前も以後も、義政の背後で諸事を采配し、義尚の後見のためにも、応仁の乱終結に私財を投入して努力していたことを見た。その後、富子の役割は変化したのであろうか。

土一揆が激しく幕府と対立した文明十二年、富子は政治の表面に出ることはなかったが、持てる財を活用して、将軍家や天皇家を支えていた。その端的な例は、文明十二年十二月、十七歳の後土御門《ごつちみかど》天皇の第一皇子の親王宣下の儀が行われたときの富子の姿に表れている。皇子は「勝仁」の名をもらったが、その費用三万疋のうち不足分二万疋を、富子が立て替えている。天皇家は、御料所備前国鳥取荘の年貢が到来すれば返済することにしている。ついで行われた元服の儀は、義政の邸宅「小河第」でなされ、勝仁親王が乗る八葉車《はちようのくるま》など必要なものは幕府から送り届け、義政が加冠し、御台富子は五〇〇〇疋を進献して、丁重にこの儀を進めた。このように将軍家、特に御台富子は、財政の面から天皇家を支える頼り甲斐のある人であった。のちに勝仁親王は明応九年（一五〇〇）に即位して後柏原《ごかしわばら》

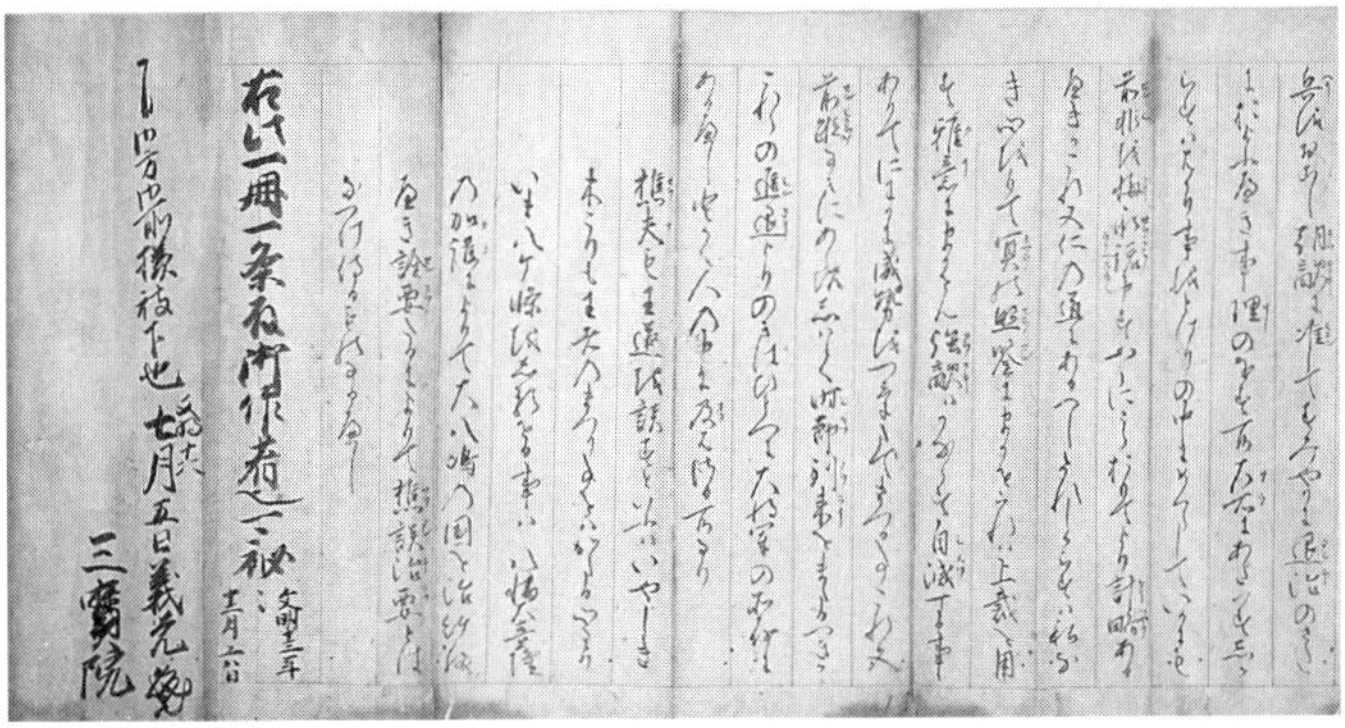

図21　『樵談治要』奥書識語（京都国立博物館所蔵）

天皇となっている。

一条兼良の説く女性の政治補佐

室町時代一の学才といわれた一《いち》条《じょう》兼良《かねよし》は、一条家の家督を継ぎ、太政大臣、関白を務めたあと、文明五年（一四七三）に出家していたが、文明十二年七月、十六歳の将軍足利義尚のために、『樵《しょう》談治要《だんちよう》』を著した。同じころ富子に対しては『小夜《さよ》のねざめ』を書いている。『樵談治要』の中で兼良は、諸国の守護たる人は廉直《れんちょく》を先とすべきこと、訴訟を裁決する奉行人には、人物を選ばれるべきこと、近習者を選ばれるべきことの三条を骨子に、義尚に政治上の心得を進言している。兼良は廉直の臣をもって幕府の機構や近習を構成すべきこと、良き人材を得ることの必要性を繰り返し説いたのである。そして七条では「簾中より政務ををこなはるゝ事」と題して、日本国は女のおさむべき国であると述べ、天照大神《あまてらすおおみかみ》、神功《じんぐう》皇后、推古《すいこ》天皇や中国の呂后《りょこう》（漢の高祖の皇后）、則天《そくてん》皇后（則天武后とも。唐の高宗の皇后）、日本の北条政子《ほうじょうまさこ》をあげ、政治上《（行）》の業績を讃え、「男女によらず天下の道理にくらからずば、政道の事、輔佐の力を合せをこなひ給はん事、さらにわづらひ有べからずと覚侍り」と結んでいる。

兼良が繰り返し義尚に説いた政治上の教えの中で、女性の政治輔佐を肯定していることが注目される。女だからといって政道に携わるなとする考えは誤りであり、政治上能力のある女性ならば、政道を輔佐することができると、兼良は述べているのである。近い過去の鎌倉時代の北条政子の執政を前例としてあげている点からも、兼良が道理に明るい女性の執政や政治輔佐、後見を肯定していたことがわかる。

内裏再建にみる天皇の外護者

天皇家の不自由な生活は、応仁の乱開始以後続いており、富子の実母苗子《みつこ》の邸宅である北小路第（「行在所《あんざいしょ》」）も文明十一年（一四七九）七月に焼けたので、聖寿寺（安禅寺）に移り、その後日野政資（勝光嫡子）邸に臨行《りんこう》した。さらに悪いことに、このころ、天皇と義政の仲は「御不快」であったという。なぜなら土御門内裏《だいり》の再建は一向に進まず、天皇は永らく仮住まいを続けていたからである。それに加えて、御料所《ごりょうしょ》の年貢が激減しているため、天皇から義政に要望・依頼がなされても、義政方から答えが返ってくることすらないこともあったからである。

天皇自らが還幸《かんこう》を急がせるための焼亡ではないかとの噂すら、人々の口には上っていた。

内裏造営は幕府にとって差し迫った問題となってきたために、先述のように文明十年正月、京の七口に関所を立て、関銭《せきせん》を課した。これは関銭をもって内裏修造費用に充てるためである。翌十一年、棟別銭《むねべちせん》を畿内に課し、越前国には段銭を課して、四月、修造「事始」の儀を行っている。総費用は一万一〇〇〇貫文余と見積もられ、幕府の奉行人三人が要脚《ようきゃく》（銭貨）以下のことを司り、作事奉行として毎日三人が任に就く態勢がととのえられている。こうしてようやく土御門内裏は文明十一年十二月に完成し、天皇は還幸することができた。合わせて一三年間の内裏のなかった時代は終わったのである。

内裏ができあがるまでの間、仮居の天皇の要望に答えてきたのも富子であった。内裏の床板を見立て、料足を出したのは富子であった。それ以前に日野政資邸へと天皇が一時移ったのも、北小路第への移徙と同様、義政は与らず、「上様御沙汰」つまり御台所の指示によるものであった。この件からも、天皇家に関する事項は、富子の全面的協力によって、ようやく円滑に進められたことが見えるのである。

文明十二年九月に起こった大土一揆《つちいっき》は、先述のように関所撤廃と共に徳政を求めて立ち上がったものである。蜂起のきっかけは、幕府が京の七口に関所を設け、関銭を徴収したことにあった。しかし前年十二月に内裏は一三年ぶりに再建されていたので、新しく徴収される関銭は御台の私物になるとの憶測を生んだのであった。このことは天皇家を支えているのは、将軍家の中で御台だけであることを、土民たちが知っていたからでもある。富子だけが天皇家や公家の外護者であったこと、応仁の乱を終わらせたのは御台の私財であったことを、熟知していたからである。しかし関銭は、公家や寺社が徴収権を持つ関所を含めて、室町期には設置権が幕府の掌握するところとなっていたので、関銭は幕府と、関を所有する本所や御料所給与者の収入となったのであり、富子個人の私財にはならなかった。土一揆側が富子の私財になると疑った根拠は、それまでの御台の、私財を動員しての家外交役割を的確に認識していた点にあり、あながち空虚な推論でもなかったと考える。

山科七郷と高水寺

文明十三年（一四八一）六月、富子は義尚と共に近江《おうみ》国の葛川無《かつらがわむ》動寺《どうじ》参詣に出かけている。葛川無動寺は平安時代の貞観元年（八五九）に、天台宗の回峰行《かいほうぎょう》の道場として天台《てんだい》僧相応《そうおう》が開いた寺院である。建武元年（一三三四）に明王院《みょうおういん》の寺号が定められており、京の北、現在の大津市葛川坊村町にある古刹《こさつ》である。なぜここに富子が参詣に行ったのかというと、その理由は本堂に平安末に作成された千手観音《せんじゅかんのん》像や不動明王《ふどうみょうおう》、毘沙門天《びしゃもんてん》像が安置されていたからであろう。平安時代以来、貴族・武士・庶民に広がった観音信仰に、富子も傾倒していたふしがある。また将軍として自立し始めた義尚を毘沙門天や不動明王の法力によって守ってもらうという意図もあったと思われる。さまざまな面から義尚を力づけ激励するために、富子は後見役として同行したものといえよう。

二ヵ月後の八月、富子は山科にある山荘高水寺《こうすいじ》の普請人夫を山科七郷に課した。これに対して自治意識の高い山科七郷郷民はどのように対処したのであろうか。

これより前の応仁元年（一四六七）十二月、山科の小山にあった「香水寺《こうすいじ》」とその寺領を幕府は昌泰座主《しょうたいざす》に与えている。これらの土地は以前主鷹《しゅよう》座主という禅宗僧侶の所有に帰していたようであるが、このとき幕府から昌泰座主に与えられたのであった。それゆえ応仁二年二月五日、香水寺を受け取るため、昌泰座主の使がやってきた。山科家からも三人の使者が立ち会い人として小山に来ている。ところが小山の地下人《じげにん》たちは、数十人が出会い、昌泰座主の使、山科家の使を押し留めている。小山の地下人たちの主張は「上意（幕府の命令）とあらば余儀ないことだが、谷中（山科盆地すなわち山科七郷）のことは七郷として談合することになっているので、一言七郷の寄合がなくては、ことをすすめるわけにはいかない」として、昌泰座主の使を押し返してしまった。昌泰座主は恥をかかされたと大変立腹しているので、山科家の家司大沢重胤《おおさわしげたね》が小山の面々と談合して、ようやくこの地を座主に渡すことになった。

山科七郷惣郷と寺領受取問題

七日に昌泰座主の使の僧二人と山科家雑掌《ざつしょう》重胤（山科家からの使者）が同道で、香水寺を受け取りに行く。座主の使は、地下側からも使を添えることを要求したが、小山の地下人たちは、使は出さないとつっぱねたので、座主の使は香水寺は受け取れないとして、そのまま帰っている（『山科《やましな》家礼《けらい》記《き》』）。地下側が使を出さなかったのは、受け取りの場に地下側が立ち会うことによって、受け取り行為を地下が承認したことになるためである。このように昌泰座主の香水寺と寺領受け取りは、小山の地下人たちの思わぬ抵抗にあったのである。

応仁元年（一四六七）に幕府が小山香水寺とその寺領を昌泰座主に与え、翌年二月に小山の地下人たちが「七郷の寄合」の承認がないからと昌泰座主の受け取りを承認しなかったこの事件の背景には、山科七郷が寄合で物事を決定するという、広域の自律的な惣結合「山科七郷惣郷」を成立させていたことが発見できる。応仁二年二月のことである。これは「山科七郷惣郷」が安祥寺で集会を開いた三月より前で、東軍に参加することを決める六月よりかなり前であることが重要である。以前の学説では、東軍参加の時点での七郷惣郷成立が通説となっていた。本書でも先に述べた三月の集会より早く、惣郷の結成は応仁二年二月のこととなり、通説より四ヵ月以上早かったことがわかった。

高水寺の歴史

香水寺（高水寺）は保元年間（一一五六～五九）山科の東北部分、山裾の小山にあった寺の名である。保元三年（一一五八）の「安祥寺領寺辺田畠在家検注帳案」（『勧修寺文書』）に、安祥寺が相論をした相手の名の一つとして、高水寺が記されている。また『山城国山科郷古図』に高水寺が書き込まれており、『京華集《けいかしゅう》』に「高水寺は山科音羽の郷小山に在り、蓋《けだ》し従一位大夫人の山荘也、西山玉巖首座を以て、住持を主《つかさど》らしむ、殿に千手の像を安んず、清水寺の大士と同材・同作なり、霊験比類無し、去る歳の秋大夫人車駕を寺に入れて、乃《すなわ》ち此の山に登りて和歌二篇を詠ず、国人之

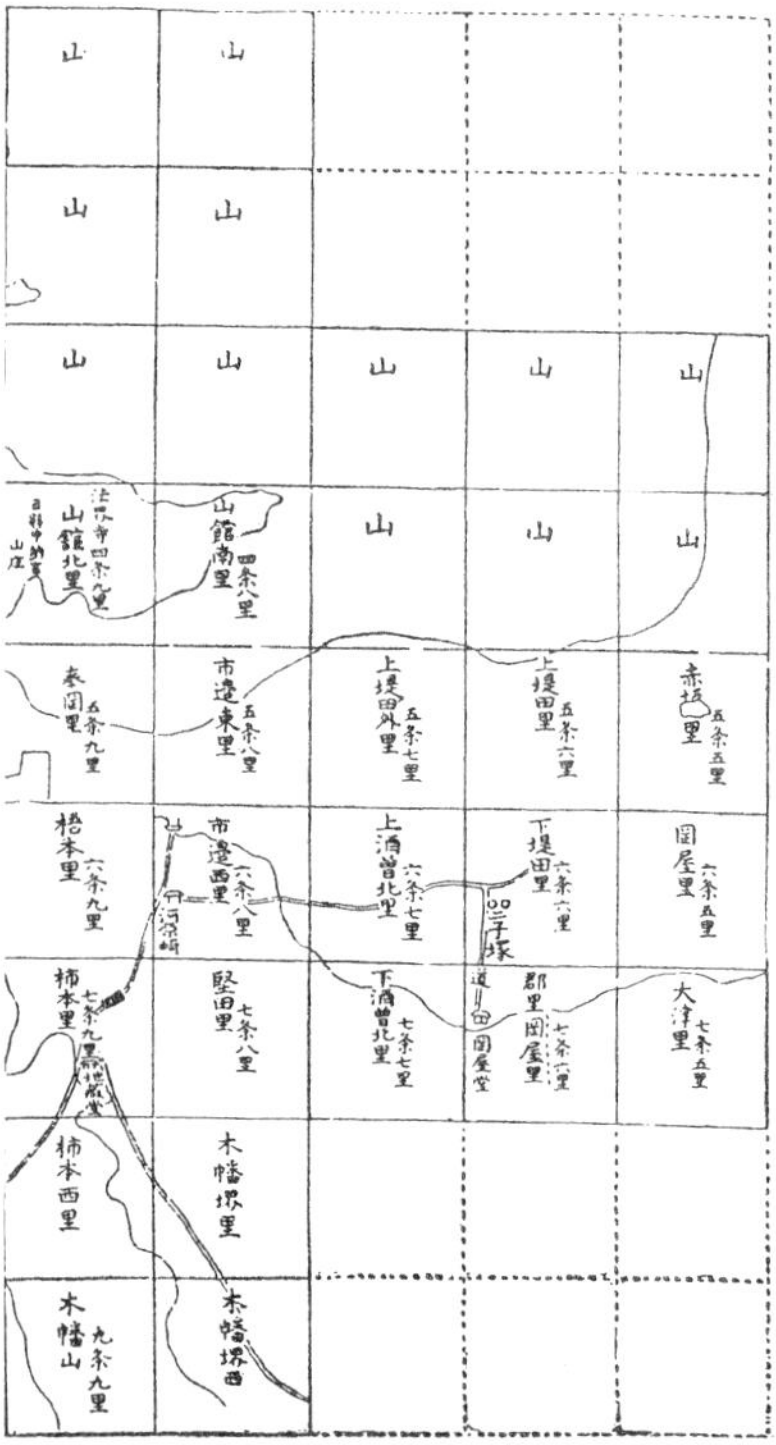

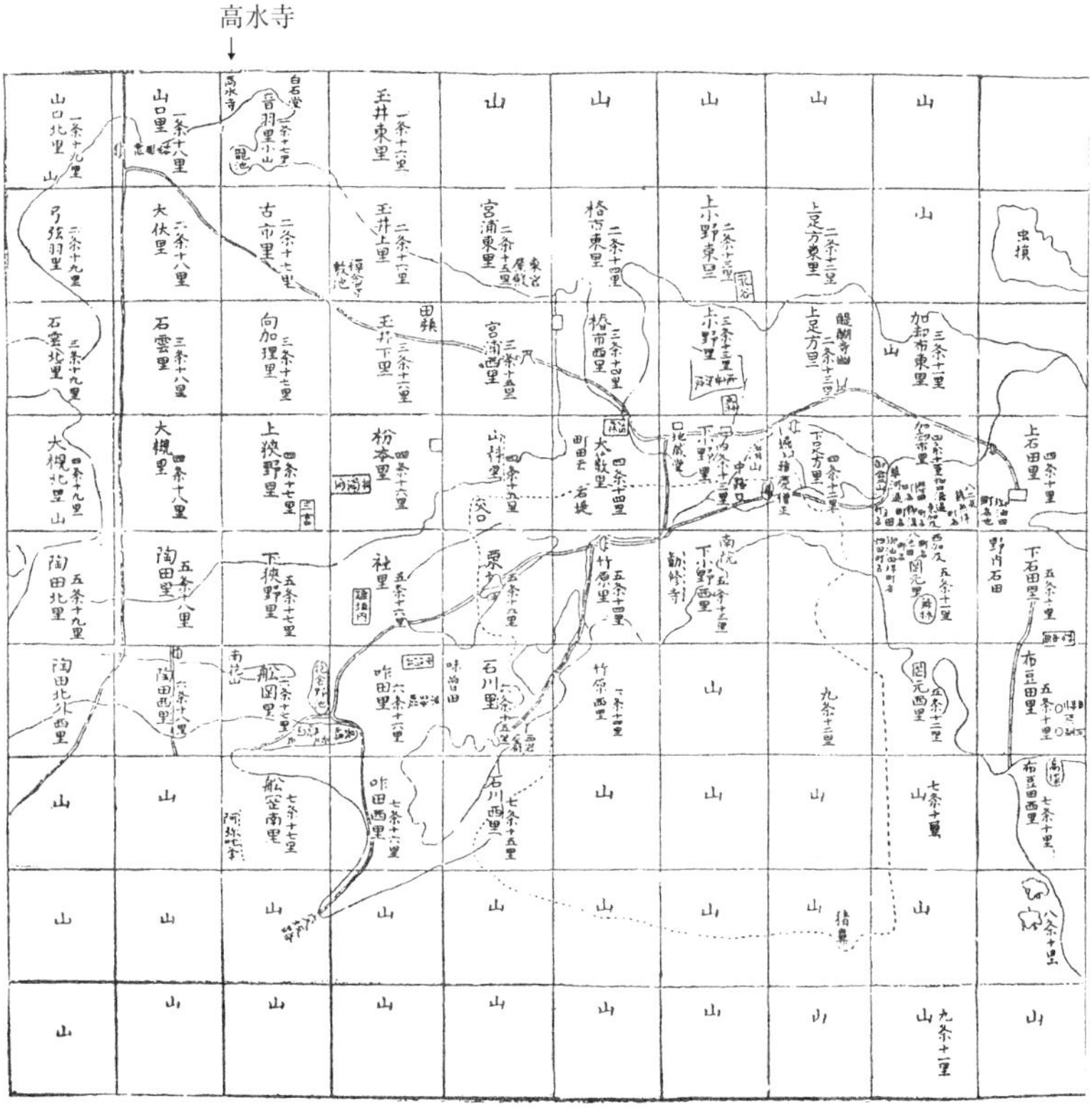

図22　高水寺の場所（『山城国山科郷古図』より）

を栄とす、初の一編は鹿を詠じ、後の一篇は瀑《ばく》（滝）を詠ずるなり、清水と曰い、音羽川以て源と為すと云々」と記している。

『京華集』とは、足利義政の信任篤く、鹿苑院僧録司《そうろくし》に任じられた相国寺《しょうこくじ》の僧横川景三《おうせんけいさん》が記した詩文集であり、成立は文明四年（一四七二）から明応二年（一四九三）と考証されている。富子と同時代の著作であるから、事実を伝えていると判断できる。また千手観音は清水寺の大士《だいし》（仏・菩薩のこと）と同材・同作であるとされることから、清水寺《きよみずでら》に安置されている本尊の「十一面千手観音」と同じ材料を用いた、同じ作者の観音像であったことになる。

京都東山にある著名な清水寺は、山号《さんごう》を「音羽山」といい、古くは延暦二十四年（八〇五）僧延鎮が坂上田村麻呂《さかのうえのたむらまろ》の助成を得て草創した寺と伝わる。その後の数度の地震や火災、清水寺が興福寺の末寺であったために、対立した延暦寺からの焼き討ち、また応仁の乱で東軍に焼かれたことが重なり、諸伽藍《がらん》はすべて焼け落ちていた。本尊も応仁の乱などで共に焼け落ちたかどうかは判明しないが、文明年間に願阿弥が勧進《かんじん》で再興していること、文明十六年に本堂の落慶《らっけい》と本尊入仏式が行われている点から見ると、『京華集』の記すように、清水寺の千手観音像も文明十年前後に作成されたと考えてよいと思われる。

これらの史料から、保元三年の安祥寺の相論《そうろん》の相手の一つである高水寺は、保元年間以前から小山の地にあって、『山城国山科郷古図』にも書き込まれていたこと、しかしやがて高水寺は大部分が倒壊し、寺核のみが残存していたところ、室町時代になって、日野富子が再建拡張したことがいえるのである。富子はまた玉巌を住持《じゆうじ》とし、寺に千手観音を安置しており、この観音像は清水寺の観音と同材、同作という優れた仏像で、霊験あらたかであったこと、富子は秋にここにやってきて、鹿と、音羽川の源である滝と清流を詠じた歌を二首残したこと、山科の人々はこれを名誉ととらえていたことがわかる。

高水寺に安置された観音像は、現在「牛尾観音」として、牛尾山法厳寺（山科区音羽南谷）に現存し、山科の住民の信仰を集めている。

御台富子による再建

では御台富子が高水寺を再建したのはいつのことであろうか。『山科家礼記』を検討すると、それは文明十三年（一四八一）八月であることが判明する。つまり富子は義尚と共に葛川明王院に参詣した直後から、高水寺再建に取りかかったことになる。明王院にも観音像が安置されていたことは前述した。富子は多くの同時代人と同じく、観音信仰を体得していたことが知られる。

幕府は文明十三年八月、山科七郷に高水寺普請人夫を課している。奉書《ほうしょ》には「山科高水寺の事、上様御建立之間」とあるので、高水寺普請の主体は、日野富子であったことがわかる。山科家領分として人足一〇〇人が課された。山科七郷全体では二〇〇人であった。

この人足賦課に対して、七郷は、九月十二日に五二人、十五日に三六人、十六日に三六人、十七日に二一人、十八日に一五人、計一六〇人の人夫役を勤めたのであった。二〇〇人が課されたのに対し、その八〇％にあたる一六〇人を勤めたのであるから、高水寺再建に七郷は協力したことが示されていよう。人夫を出すのを難渋した野村・西山・椥辻《なぎつじ》の三村に対しては、幕府から山科家雑掌宛てに奉書が出され、堅く申しつけるようにと沙汰が下っている。一部分足並みの乱れはあったものの、七郷は全体として高水寺再建普請に協力したといえるだろう。

富子にとっても小山の地は重要であっただろう。この地は、単に風光明媚で歌を詠むに適していたからだけではないと思われる。その理由は、山科の郷民が文明九年に「郷中関」を立てた神無森《かんなしもり》や、古来名高い逢坂関《おうさかのせき》、それに幕府が内裏修理のために立てた御陵《みささぎ》関にもほど近い小山の地は、人や馬の往来を眺めるのには最適であり、また京―宇治道（山城道）―奈良という、山科を北から南に走る古道（旧奈良街道）や、京から大津に至る東海道を見下ろす位置にある山荘は、流通経済に非凡な才能を持つ富子にとっては、大きな価値を持つ別荘であったに違いない。

このように関所を立て関銭を徴収するという方針を幕府が立て、内蔵寮の関所が設置されたり、郷中関を設置したりしたときには勇んで関立てに協力した郷民も、幕府が内裏修理料足を得ようと独自に関を立てると、道留めなどを行って妨害し、また徳政令発布を求めて大土一揆を起こして、幕府に対する意思表示を先鋭化させたことがわかった。それ以外の幕府賦課には、山科の郷民は、富子の山荘造営に協力するなど、御台に対する親近感も持ち合わせていたことが見て取れる。富子が高水寺で歌を二首詠んだことに対する郷民の賛辞には、山科の名所を復活し、歌に託してくれた御台へのやさしい思いやりが感じられてならない。

吉田社への寄進

文明十五年（一四八三）京の洛東吉田社に、富子は一〇万疋を寄進している。社伝によると、吉田社は平安期貞観年中に創建された神社で、祭神は「タケミカズチ」、社務は平安時代から卜部《うらべ》氏であり、南北朝期の兼熙《かねひろ》から吉田氏を称している。室町期の吉田兼倶《かねとも》は、神仏思想に陰陽《いんよう》五《ご》行説《ぎょうせつ》を加えて新しく「吉田神《よしだしん》道《とう》」を創始し、神職界で神号・神位の授与や神官任命の権限を得て、室町期神道界に大きな勢力を獲得していた。兼倶の時代の文明年間に、現在の吉田二本松町から、それより東の吉田山にかかる現在地（吉田神楽岡町）に移ったとされる。嘉吉元年十二月から二年二月にかけての公事銭の使途を示した前出表3（八五頁）に、吉田社の神殿修理以下に一〇〇貫文が幕府から支出されていることを見た。このように吉田社は室町幕府から手厚い保護を受けていた。

室町期に神道界で目覚ましい発展を遂げていたこの吉田社に対し、一〇万疋（一〇〇〇貫文）を奉賀したのが富子であった。文明十五年のことである。富子の莫大な額の寄進は、太元宮《だいげんぐう》の造営に使われたという。吉田社が吉田山の麓や山中に移ったのも、応仁の乱による類焼や被害を避けるためであったと思われる。

ふたたび伊勢参宮へ

吉田社への寄進《きしん》の翌年（文明十六年〈一四八四〉）四月、富子は再び伊勢参宮に出かけている。陣容は、御台の輿八丁、御供は馬上一〇騎、輿五〇丁、人一〇〇〇人ばかりという長蛇の行列で出かけている。この時の人夫は、文明十一年の「人夫数万人」と比較して、「人千人」と記されていることから、一〇〇〇人の人夫を徴発したと考える。文明十一年の参宮より人夫の数が大きく減じているのは、文明十六年の場合の人夫は「輿舁《こしかき》」という専門性の高い人夫を徴発しようとしたためである。その人夫に対しては、公方専属の輿舁が将軍家の使となって荘園領主のもとへ行き、各荘園領主が所属の輿舁を提供して、費用は公方（このときは御台）と荘園領主が負担したためである。公方輿舁は将軍家からの下行《げぎょう》分の一割を手当として得ている。南都大乗院からは四人の輿舁人夫が出ていることから考えると、一ヵ所から四人の人夫を出させたとして、二五〇ヵ所の荘園領主に対し奉書を認め、現実に一〇〇〇人の人夫を徴発できたのであるから、それだけの威令を将軍家は維持していたことになる。

さらにこの年、大乗院尋尊《じんそん》のもとにもたらされた奉書の加判者から、興味深い事実が判明する。一人は布施下野守英基で、もう一人は松波六郎左衛門尉頼秀であった。布施は幕府奉行であるが、松波は「日野殿内者」である。尋尊は加判者に疑問を持ち、「加判其意を得ざる旨相尋」ねたところ、頼秀は「上様方奉行之間此の如し」という返答だったので、納得して四人の人夫を出している。尋尊が納得したのは、「上様」つまり将軍家御台所富子の家にも奉書を発給する奉行がいて、奉行衆は幕府奉行と日野富子の家の家司によって構成されていたからであった。将軍家からの命令は、通常は幕府奉行人によって連署奉書《れんしょほうしょ》のかたちで出されたが、富子の参宮のような特殊な事項に関しては、幕府奉行と富子の家の奉行が連署して、奉書を発給し、ことを進めている状況が見えてきた。富子の私的な参宮旅行とはいえ、将軍家の正室としての参宮であるから、幕府奉行と御台所の家の奉行双方連署で命令が出されたのである。御台所方の奉行としては、松波頼秀の他に、文明十二年九月のころ、杉原賢盛がその任に当たっていたことが確認される。

山城国一揆の蜂起

文明十五年（一四八三）に義政が東山山荘の常御所に移ったことによって義尚時代が始まったのだが、義尚に見るべき動きはなく、その背後にいて後見を自身の任務と考えていたであろう富子も、十六歳となり、青年期に達した義尚に対して、以前のように事毎に口を出すこともはばかられ、将軍家は三つに分か

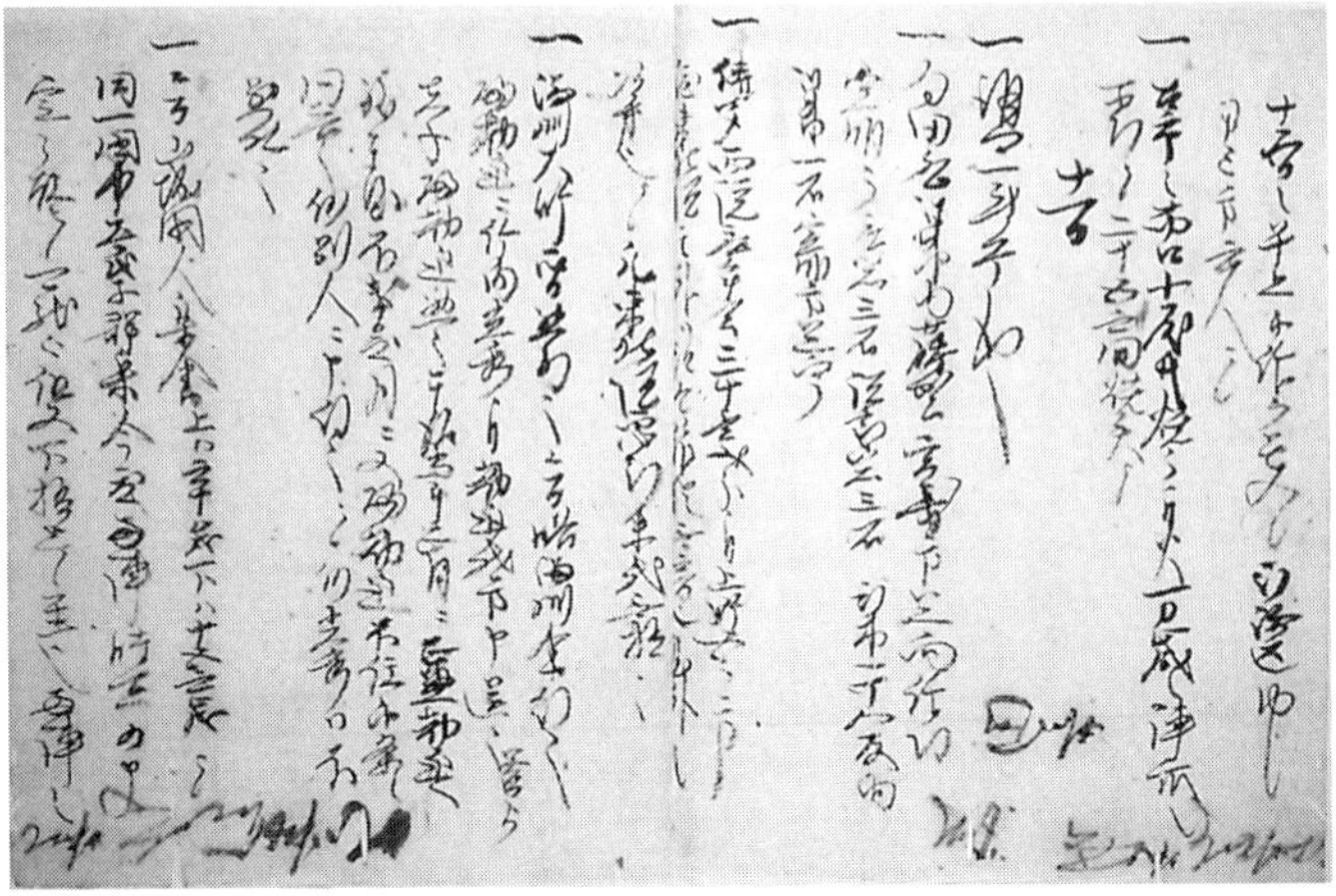

図23　山城国一揆を伝える記事（『大乗院寺社雑事記』文明17年12月，国立公文書館所蔵）

れている状態であった。したがって富子はこの時期に、高水寺を再建したり、吉田社に多額の寄進をしたり、伊勢参宮を行ったりと、ゆったりとした時間を過ごせたのであろう。まだまだ文明十二年から十五年ごろには、幕府の威令が充分に備わっており、奉書の効力も大きく、土民たちは将軍家の姿を好悪両面からながめてはいたが、私財を動員して懸命に将軍家の存続に努力する富子に対しては、むしろ好意をもって接し、その要求に従っていたことがわかるのである。

こういう静かな安定期の次には、山城・大和・摂津・河内にまでひろがる山城国一揆の蜂起が待ち受けていた。山城国一揆は、文明十七年に宇治川でこれまでにもたびたび登場した畠山義就軍と政長軍が衝突したことに始まり、十二月、南山城の国人と土豪層が寄合を開き、両軍の撤退などを要求する「惣国一揆《そうこくいっき》」を結成する。惣国一揆は山科で見たような、土豪層が中心になった「惣郷」とは少し様相を異にしており、「国人」と呼ばれた在地の武士層を中心に、土豪層を糾合したものである。この「惣国」は、明応二年（一四九三）まで続いたが、国人の多くが細川政元《まさもと》の被官であったこともあって、幕府・守護の支配を受け入れ、約八年でその生命を終えたのであった。

文明年間後半の、断片的な史料ではあるが、富子には、「上様御被官」と自称する「商人九郎五郎吉次」がいた。この人は一色次郎に合計四五貫五〇〇文を貸しているので、その返却を幕府に訴えている。また「上様御中間」と自称している「藤左衛門」も、大草公友に借し付けた五四貫文の銭主として名乗りを上げている。文明十三年ごろには御台富子だけでなく、公家日野家や武家山名・赤松・細川氏らの被官も銭主側にいたことが『賦《くばり》引付《ひきつけ》』などの史料から抽出できるので、京中・京郊の商人や地下人も、富子や武家・公家の被官になるものが多かったことがわかる。

文明年間が終わると、ようやく義尚が歴史の舞台に登場する、長享年間に入るのである。

義尚の死と富子の生き方

義政・富子と義尚政権

長享元年（一四八七）、四十八歳になって、大御所義政、青年将軍義尚に対するさまざまな後見に務めていた富子は、六月、義尚と共に葛川明王院に参籠する。このとき、義尚は二十三歳である。

富子が葛川明王院に参詣するのも二度目である。この明王院にも千手観音像があることは前述した。観音菩薩は、七つの苦難を多くの目や手によって「除災招福」してくれる菩薩である。つまり来世での救済と現世での利益を、二つとも叶えてくれる菩薩として平安期から多くの人々の信仰を集めてきた。富子が高水寺の再建と観音像の安置に奔走し、また二度にわたって葛川明王院に参詣したのは、自らと義尚の身の安全だけではなく、将軍として近江六角氏討伐に出かける義尚の、武運長久と戦勝祈願のためであったと思われる。

明王院には多数の古文書の他に、五〇一枚の参籠札が残っている。その中には、富子と義尚の札もある。これらの札には、観音の慈悲にすがって、子息義尚の無事と戦勝を祈願する敬虔な母親の姿が映し出されているように思う。

義尚は文明五年（一四七三）に将軍職に就いたが、大御所義政が寺社統制権と外交貿易権を握っており、富子は朝廷関係の家外交を一心に務め、義政の決済以前の事務処理や決済を常時担当しており、また私財を惜しげも無く執政のために使っていたので、富子の執政といえる時期があったことは前述した。その後義政の政治の復活が文明十年から十五年にかけて見られたが、十五年には義政は東山山荘に移り、山荘の整備拡充を最後の仕事と

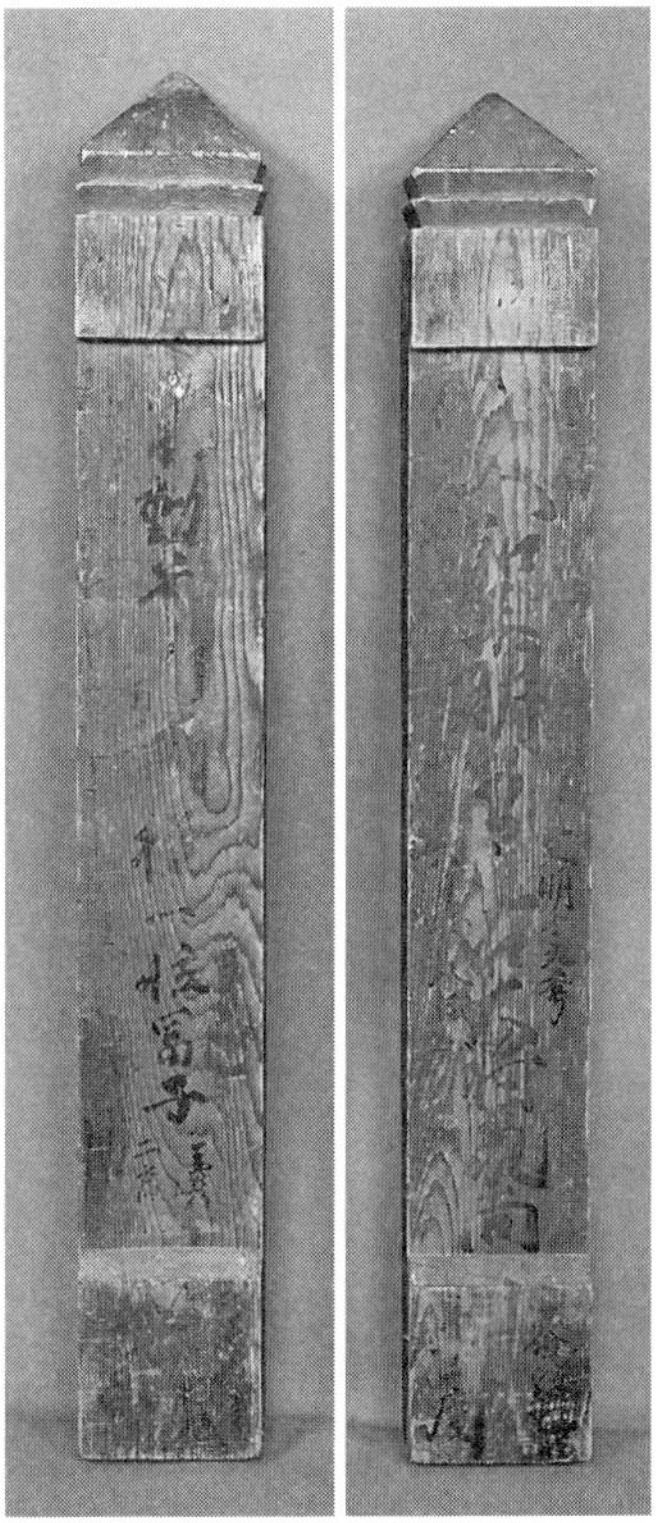

図24　富子（左）と義尚の参籠札
（葛川明王院所蔵，滋賀県教育委員会提供）

して取り組んだため、ようやく文明十五年以後「室町殿」義尚の時代が始まったのであった。

奉公衆と評定衆

文明十五年（一四八三）ごろ以後の義尚の周りには、「奉公衆《ほうこうしゅう》」と呼ばれる将軍に近侍する御家人《ごけにん》たちが集まっていた。奉公衆は番衆《ばんしゅう》とも呼ばれて、足利義満時代から整備された将軍親裁を支える権力機構である。これまでの義政が、主として「奉行人《ぶぎょうにん》」という寺社奉行・官途奉行・安堵奉行などの実務担当者を手足として使っていたのとは、対照的な幕府吏員の使い方である。義尚は「奉公衆」を中核に、それ以外の出身者からも人選をして、近臣（近習《きんじゅう》）グループを組織し、その中から「評定衆《ひょうじょうしゅう》」を選出して、政務の決済や訴訟の裁決を行わせていた。

「評定衆」として名を残しているのは、大館尚氏、二階堂政行、結城政広・尚隆らの側近であった。そのうち大館尚氏は奉公衆出身で、番頭《ばんがしら》の家柄に生まれた人であるため、奉公衆全体の利益を代弁する役割を果たした。二階堂政行は伊勢氏に並ぶ将軍家執事の家柄出身である。応仁の乱中乱後は、伊勢氏が勢力を減退したのと反比例して、力を付けてきた人物である。結城氏兄弟は義尚の寵臣で、御供衆に加えられ、のちに近江守護職を拝領するという厚恩を蒙っている。

彼ら「評定衆」の評議すなわち義尚の前での「御前沙汰」こそが、義尚政権期に最も重視された政策となって発令された。このように政務の決定は評議で行い、その評議への申次ぎの役目にも、奉公衆を多く起用しているので、義尚が眼にした案件は、事前に奉公衆の手で選別された案件が多かったといえよう。

奉公衆に守られた義尚政権の最大の事業が、長享元年（一四八七）の近江出征である。

義尚の近江出征

近江守護職を鎌倉期から相伝していたのは、宇多源氏近江佐々木氏の嫡流である六角《ろっかく》氏である。京都の六角通に守護屋敷を構えていたので、六角氏を称した。室町期には近江北半を佐々木（京極）氏が、南半を六角氏が領有していた。義政・義尚時代の六角氏は高頼である。

このような京の北東を治めていた守護大名に対して、義尚は領内の荘園の元の領主への還付を求めて出征する。荘園領主権の返還は、寺社や公家の要求であり、軍事行動は、奉公衆の武力の見せ場でもあったからであろう。義尚軍は六角氏の居城観音寺城（現在の近江八幡市安土町のきぬがさ山にあった山城）を攻めたので、六角高頼《たかより》は甲賀山中に逃れて抵抗した。そのため事態は長引き、義尚の近江鈎《まがり》出陣は、一年半にわたることになる。

葛川明王院へと富子と共に参籠した義尚は、直後から出陣準備を整え、九月上旬、義政に出征を報告したあと、二万三〇〇〇人余の軍勢を率いて、六角氏の征討に出発した。義尚の出陣のありさまを見物した人々は、「真の征東大将軍なり」（『蔭凉軒日録《いんりょうけんにちろく》』など）との感嘆の声をあげた。室町前期以来、応仁の乱中にも眼にすることのなかった将軍の晴姿に接した人々は、久方ぶりに武家の棟梁としての将軍家の立場を思い出したのであろう。

義尚の出征直前、五十二歳の義政は体調が悪く、前年からの中風《ちゅうふう》に加えて、「気鬱」の症状に悩まされていた。体調の悪さが政治上の意欲をますます減退させていたようである。そのためここに来てようやく五山禅宗寺院統制権を除く全政権を義尚に譲り渡したようである。

一方、富子は、義政との別居は続けていたが、時折、金子《きんす》や物を持って訪問することは欠かさなかった。二〇〇貫文を一度に義政に届けたこともある。義政のライフワークである東山山荘建設を、富子なりのやりかたで、応援していたように感じられる。

戦地鈎に向かう富子の立場

ほぼ一年の間、岩倉山荘（金龍寺）に住んでいた富子は、長享二年（一四八八）十二月、もとの居所である小河第にもどってきた。義尚との和が成立したためであるという。義尚との仲が修復されるやいなや、富子は近江鈎に義尚を訪問している。鈎行きの準備のため、長櫃《ながびつ》に入れていた小袖二〇領、唐《から》織物《おりもの》三〇領を取り出して点検した。小袖や唐織物は、贈り物として持参するつもりであったのだろう。小袖は当時、一領・二領を贈るのではなく、五領、一〇領のように大量の着衣を贈るのが常識だったからである（拙稿「『きもの』の原型小袖の普及とその背景」）。周囲にいた者は富子の長櫃の小袖などを見て、「これほど立派なものがあったのか」と驚いたという。応仁の乱以来の戦乱や社会不安による京中の荒廃は、現在我々が想像する以上のありさまであったのだろう。

富子が鈎へ行こうとしたことに対する「公武」の期待は、大変大きかった。その理由は、義尚は近ごろ、結城氏以下の特定の近臣の意見ばかりを用い、他の者の意見に耳を貸さず、寺社本所や近臣の者まで、「迷惑千万」という状態であり、御台所が鈎へ行けば、このような世間の嘆きもきっと口にするだろうと、「各御憑《おたのみ》申す心中」が、公武の間に広がっていたためであるという。事実、大乗院尋尊は、豊浦荘のことについて、富子に対し義尚への口添えを頼んでいる。富子は何のために義尚の元へ行くのか、何をすべきなのか、義尚の母としての政治的立場を正確に認識していたことがわかる。

義政が病に伏しているこの時期、将軍義尚に意見できる人は富子しかいなかった。富子は将軍の生母として、義政時代に背後からその政治を支え続けたように、義尚の治世を安定させるために、後見役としての役割を果たし続けていたことがわかる。

義尚の死

延徳元年（一四八九）三月、義尚の病が重くなったので、富子は十八日に見舞い、聖護院道興《どうこう》に加持《かじ》を行わせた。しかしその甲斐なく、二十六日、義尚は薨じた。二十六歳であった。最愛の子息の死に対し、富子は蔭凉軒周全を通じて「四歳にして父（日野政光）に離れ、それより以後此の如き憂患の事これなし、諸篇茫然」（『蔭凉軒日録』）と語っている。父との死別以来の悲しみに、茫然とするばかりであるという富子の言葉から、彼女の悲しみがどれほど大きなものだったのか、どれほど義尚を愛していたのかが伝わってくる。大蔵卿局や大乳人などの女房衆は多く落飾した。これらの女房たちは、小さいころからの義尚付きの女房衆であったのだろう。

富子は細川政元（勝元の嫡子）らと共に義尚の遺骸に付き添って京都に帰ってきた。公家衆・奉公衆・女房衆も御台所と共に足利氏歴代の廟所である等持院に向かう。一条辺りに差し掛かった時、富子は輿の中で声を惜しまず泣いたという。相国寺常徳院を義尚の塔頭《ちゅう》となし、ここに義尚の牌《はい》（印・あかしの札）を入れている。

常徳院への追善料所の寄進を、義政に促したのも富子であった。常徳院の旦那は日野氏であったので、以前から熟知している塔頭であったにしても、義尚の死に際して、深い悲しみに沈みながら、てきぱきと葬礼を執行したのは、富子であった。

葬礼の挙行

葬礼は四月三日に行われた。富子はこの日のために、「荼毘要脚《だびようきやく》」として一〇万疋（一〇〇〇貫文）を出している。また伊勢貞陸《さだみち》（備中守・北山城五郡の守護）が「執《とり》つな」（葬式のとき棺の綱をとる役）について尋ねたところ「このようなことは、私が知るところではない」といいながらも、京兆《けいちょう》細川政元か畠山尚順《ひさのぶ》（畠山政長の子。越中・紀伊・河内守護も務めた）のうちから選ばれるのが良いと返答している。

富子が提供した一〇〇〇貫文のうち、七〇〇貫文は荼毘用途に、三〇〇貫文は中陰《ちゅういん》（四十九日）以後の費用に充てられた。その他の費用は、政元からの一〇〇貫文など、諸家からの献金や国役で充当している。義政は中風で、言語に障害はなかったが、身体の感覚がないためか、葬礼には出ていない。遺骸は等持院で火葬され、高野山に分骨されている。

富子は生前義尚が着用していた装束を、七条袈裟、掛絡《かけまとい》、打敷《うちしき》などに縫い直させた。打敷は諸寺に、七条袈裟は中陰勤行衆に与えている。鹿苑院で月忌始《がっきはじめ》の仏事を修したとき、蔭凉軒主亀泉集証《きせんしゅうしょう》は簾中に召され、生まれて初めて富子の顔を見た。その感想を「尊顔太《はなはだ》美也」と記している。もと小河邸があった場所に現在宝鏡寺があると伝わるが、ここには富子の木像が残っている。富子は、この木像から推測できるような、端正な顔立ちをしていたのだろう。

このように、義尚という最愛の子息の早すぎる死に困惑しつつも、葬礼のすべてを執行したのは、実母富子であった。葬礼にかかわる費用のほとんども、富子自身から出されていた。義尚の死後、室町将軍家を取り仕切っていたのは富子であったことがわかる。

図25　足利義材（等持院所蔵）

次期将軍の決定

将軍の若くしての、また近江征討最中の死は、後継者問題を複雑にした。次の将軍に、富子は義視の子義稙《よしたね》（義材《よしき》・義尹《よしただ》）を推し、細川政元は堀越《ほりごえ》公方《くぼう》足利政知の子清晃《せいこう》を推した。義稙は富子の妹と義視の間に生まれた子であり、義尚の猶子《ゆうし》でもあったので、男子に恵まれなかった義尚の後継者としてふさわしいと富子は考えたのであろう。

このことを知った義視・義稙は、義尚の亡くなった延徳元年（一四八九）の三月から時日を置かず、四月八日美濃から大津に至り、十一日に入京している。そして義視の娘の入っていた通玄寺（曇華院《どんげいん》）に入り、鹿苑寺で焼香後、富子に挨拶を済ませ、小河第に入った。こうして次期将軍となる後継者の決定問題は、富子の主導で解決に向かった。

しかし右の事態に異議を唱えたのは義政である。この年二月に東山山荘が完成したので、義政は復活して執政しようと考えたのであろう。四月十九日、義政は再び執政すると奏上し、天皇からは義持《よしもち》の先例があるからと許されたが、中風が悪化し、翌延徳二年（一四九〇）正月七日に亡くなっている。

このころ富子は義尚の仏事を修したあと、かねてより隠居所と定めていた岩倉長谷《いわくらながたに》の金龍寺で得度《とくど》したとの噂が流れていた。隠居を留めたのは、細川政元である。政元は正式に管領に任じられたわけではないが、儀式のうえで、また実質上管領の役割を務めていたので、重臣秋葉元重と細川政春（のちの備中守護）をつかわし、富子の落髪を慰留している。このときは富子も落髪を思い止まっている。しかし延徳二年正月七日に夫義政が亡くなったことにより、六日後の十三日ついに剃髪《ていはつ》したのであった。

細川政元の政権構想と義政の死

細川政元は義尚より一歳若く、文正元年（一四六六）細川勝元の子息として生まれていた。次の将軍候補と決まった義稙も同じ年の生まれである。義尚の死の年には二十四歳で、畠山政長が管領を辞した文明十八年（一四八六）以来、正式に任じられた形跡はないが、管領の役割を実質上果たしていたと見てよい。政元が富子の落髪をとどめたのは、病気の義政に代わって富子が実質上の執政者となる、かつての方式の復活が、一番良いと考えたからであろう。義視は、応仁の乱の最終段階で西軍に推戴されていたことも、政元にとって忘れられない事実であったと思われる。

しかし義政の死は、政元が想定した富子の執政の道を閉ざし、富子自身も落髪して政治

図26　細川政元（龍安寺所蔵）

への関与の道を閉ざした。潔い引き際であった。以後富子に推された義稙が延徳二年七月に将軍となり、政元が実質的に管領を勤める時代が三年ほど続く。

その間に義稙は、父義視の後見を受けつつ、政策としては義尚時代に残された課題である近江六角氏の征討を行っている。延徳三年（一四九一）九月のことである。義稙も鈎に出陣したが、六角高頼は甲賀ついで伊勢国に逃れて降伏しなかった。近江征討は失敗に終わり、将軍権力もそれにつれて衰弱の一途をたどることになる。

明応のクーデター

明応二年（一四九三）細川政元は、再び富子の内意を容れて将軍義稙を廃し、天竜寺に入っていた足利義澄《よしずみ》（義遐《よしとお》・義高《よしたか》。堀越公方足利政知《まさとも》の子）を擁立するという明応のクーデター（明応の政変とも）を起こすのである。家臣による将軍のすげ替えであり、この事件以後、将軍権力は地に落ち、細川氏の専制支配が畿内近国に成立したため、国一揆も下火になるのである。

明応のクーデターの年、政元は二十八歳であった。彼は生涯妻を持たず、実子がなかったので、三人の養子を一族から取った。しかしこのことが家督争いの原因となり、養子の一人である澄之《すみゆき》派の重臣香西元長《こうざいもとなが》に殺されることになる。政元の死は永正四年（一五〇七）で、義尚の死の一八年後のことであった。

晩年の富子と理解者政元

義政がなくなったのをきっかけに落飾した富子は、政治の第一線から退いたため、これ以後ほとんど史料には残らなくなる。唯一人、義尚と同世代の細川政元が内々に富子の意見を聞きに訪れるくらいであったようである。義稙のあと十一代将軍になった義澄は、足利義政の弟で、兄により長禄元年（一四五七）、伊豆の堀越に置かれ、「堀越公方」と呼ばれた政知の子であった。このように義政の甥にあたる義澄ではあるが、富子にとっては親族のつながりの中には入らない人物であった。しかし歴代足利将軍家の例に慣い、義澄に富子の甥永繕の姉妹を推挙し正室としたのは、富子の意向に基づいたものであったと思う。

明応五年（一四九六）閏二月二十四日、富子は御所の蹴鞠《けまり》会に呼ばれている。主催者はときの後土御門天皇の皇子で、かつて元服のとき、富子が何かと援助した皇子勝仁《かつひと》親王である。このとき富子は「御台」「小河殿」と呼ばれていることがわかる。義政の御台所であった時代から、将軍の代は三代も進んでいたにもかかわらず、なのである。

応仁・文明の乱が終息に向かい始め、山名政豊と細川政元が講和を結んだ文明六年（一四七四）から二二年が経っていた。勝元と宗全《そうぜん》があいついで亡くなった文明五年には政元はわずか八歳であったことになる。政元はこの後将軍義澄時代に正式に管領となるのである。細川政元にとっても、当時の人々にとっても、「御台」と呼ぶにふさわしい人は富子しかいなかったのだろう。政元にとっては、特に、義尚の実母である富子は、自分の母にも等しい人であったのではなかろうか。富子生存中に、将軍の代替わりにあたり、富子の内意を政元が聞いている点に、その感情が表れているように思う。

最後の参内と富子の死

公家の三条西実隆《さんじょうにしさねたか》は、明応五年（一四九六）二月、「小河殿富子」の参内があると聞き、勝仁親王の御所に行く前に、「小河御所」（小河第）に参上している。ここでの申次は塙和《はなわ》右京亮《うきょうのすけ》であった。この人は、以前から御台所の御供衆として仕えている人であるという。実隆はこのあと、室町殿にも立ち寄り、和歌を五首詠んでから、午後になって参内している。

すると富子はすでに車で参内していた。竜胆《りんどう》の文車《ふぐるま》で参内したという。「これは近来買徳せしめ給う車也」と記されていることから見て、参内に備えて富子が急ぎ買い取った車であったのであろう。お供は女房一人と騎馬の塙和一騎だけであったという。寂しい供揃えではあるが、それでも富子は文車を買い取って準備するなど、形式を整えて参内している。親王御所には勧修寺《かじゅうじ》・甘露寺《かんろじ》・山科・伯《はく》などの公家が参集しており、五十七歳の富子が三献のお酌をしたのであった。

このように明応五年ごろの富子は、家来や女房もごく少数で、現役を退いたかたちでひっそりと暮らしていたようである。しかし、なお公家たちは「御台」として富子を尊敬し、かつての栄光を重ねてながめており、富子もそれを意識して、参内には急遽竜胆の文車を購入し、堂々と天皇家や公家階級と交流を続けていたのである。

参内から約三ヵ月後の五月十七日、にわかに富子の容態が悪化し、二十日、富子は他界する。三条西実隆はこの日の日記に「諸人天を仰ぎ言語道断之次第也、今年五十七歳歟、……富は金銭を余し貴きこと后妣に同じ、有待之習無常刹鬼之責遁避せざる之条、嘆くべし嗟《なげ》くべし」（『実隆公記《さねたかこうき》』）と記している。なお、『大乗院寺社雑事記』は富子の亡くなったときの年齢を五十六歳であったとしている。

葬礼は六月十四日に等持院で行われた。妙善院富子の追善のため、御所ではこの日連歌会が挙行されている。富子の墓は現在の京都市上京区の華開院《けがいいん》にある。

文明年中から明応五年まで、時に表に出て、ほとんどは将軍の背後から幕府政治を支えてきた富子の亡くなった明応五年から四年後の明応九年七月二十八日、京都の「大焼亡」が発生する。この大火で一条・鷹司・近衛・日野・広橋・烏丸などの公家や皇族の屋敷から、近習の屋敷、細川氏内衆の屋敷など、小川以東、烏丸以西、近衛以北、柳原以南の四万軒にも及ぶ住宅が焼亡した。この「大焼亡」は、義政・富子時代の終わりと、戦国時代の幕開けを告げるものであった。

公家と武家をつなぐ――エピローグ

富子のひととなり

亡くなった富子《とみこ》についての三条西実隆《さんじょうにしさねたか》の筆致には、富子を揶揄したり非難したりする部分がない。富子は后妣に同じく尊敬すべき人であったとし、富子の死を知って「諸人」は天を仰いで嘆き悲しんだとしている。言語道断だと、政局の行方をあやぶんでもいるのである。富子が大きな財産を持っていたことは事実である。それは将軍家の正室として執政していたからであることは前述した。富子よりも大きな財をにぎっていたのは義政《よしまさ》であり、そのほとんどを義政は東山山荘造営のために使ったのであろう。富子は持てる財産を、天皇家や公家寺社階級の存続のために、また応仁の乱を終息させるために、惜しげもなく使用したのであり、大きな財を蓄積することに血眼になったのではなく、使い道を誤らなかった御台所《みだいどころ》であったといえると思う。大きな財産を持っていたが、困っている支配階級に次々に使った富子を見て、どんな人にも死は平等にやってくるという無常感はつのったであろう。

『大乗院寺社雑事記《だいじょういんじしゃぞうじき》』は「七珍万宝ハ公方歟南御所歟、何方へ之を召さるべきや、一定せずと云々」と記し、富子の財産が公方義澄に継がれるか、富子の娘南御所に継がれるか、決まっていないことを記している。文中の「七珍万宝」が注目を集め、富子の財産が亡くなる時点で大きなものであったことが、先行研究でおしなべて述べられてきたが、この点には大いに疑問が残る。たとえば文明八年六月に日野勝光《ひのかつみつ》が亡くなったときの『大乗院寺社雑事記』には「日野左大臣勝光去十五日薨辰刻、四十八歳云々、七珍万□□□□、料足八万貫在之云々……」とあるからである。つまり「七珍万宝」は当時、富の大きさをあらわす決まり文句であったからである。応仁の乱による公事銭の激減と富子が亡くなる直前の参内時の史料から見て、富子の遺財は執政時ほど大きなものではなく、むしろ大幅に縮小していたと考える。

富子は室町時代の将軍家の中でも、最も御台所として尊敬された人であったと思う。舵取りの難しい戦乱の時代にあって、義政が政治に意欲を無くしたために、ときには義政に代わって執政し、その前後、特に義政の執政以後の時期に、小事の決済を担当した。そのかたわら、つねに朝廷との関係を円滑に保つよう心を砕き、公家に対しては一条家や近衛家から猶子《ゆうし》を迎え、金銭を援助し、時には吉田神社や高水寺《こうすいじ》などの寺社の修造費を寄進し、私財を東西両軍の撤収にも投じたのである。義政が建築・作庭・唐物賞翫《からものしょうがん》に非凡な才能を発揮したのと並んで、富子も和歌や連歌をよくし、猿楽《さるがく》を中間《ちゅうげん》や女房を引き連れて見物し、天皇家や公家と和歌・連歌を楽しみ、また一条兼良《いちじょうかねよし》の講義を聴く、文化人であった。つまり日野富子は将軍家の家外交・執政と室町文化の育成のいずれにも寄与した、優れた為政者であり文化人であったといえる。

将軍家と日野家

将軍家の正室として公家出身の女性が迎えられる例は、鎌倉期の三代将軍実朝時代には存在したが、武家政権である室町幕府が、最盛期に、公家日野家のみから次々に正室を迎えた事態は特異な現象に見える。最初の日野家出身の正室業子《なりこ》の婚姻の際、業子の叔母に当たる「岡松一品」日野宣子《のぶこ》が仲介の労を執ったことを見たように、代々引き続き日野家から正室を送り出すことが可能であったのは、日野氏一族の、当主をはじめ、公家の家を継いだり寺に入った庶子、さらには、天皇家や院女《いんのにょう》房《ぼう》となり、その中から天皇の妻となる女性を出すなどした、一族をあげての引き立てがあったためである。

それに加えて康子《やすこ》は正室と女院としての役割を見事に果たし、重子《しげこ》は義教《よしのり》時代に厳しい立場に置かれながら、その中で、正室・次期将軍の母としてのあるべき姿について考え、学び、義政時代になって、臣下の武将から尊敬される立場を勝ち取った。

将軍家御台所には、義満時代から御料所が幕府から付与されていたので、そこから貢納される年貢・公事銭《くじせん》などが、御台の私財として蓄積された。義教時代以後、京中の酒屋公事銭が、月宛として御台所に与えられたことがあった。こうして御台が将軍とは別の「家」を形成し、私財を自由に使う基盤がつくられ、富子の時代に至って、御台の家は衆人の前に明確な姿をあらわしたのである。

日野富子の時代

日野富子が生きた時代は、室町時代の中でも、最も将軍家の立場が揺らいだ時代であった。その最大の原因は、義政が政治に興味を失った点にある。そのため、戦乱や火災に何度も見舞われた京にあって、政治の舵取りは御台所富子の双肩にかかってきた。舵取りばかりでなく、義満《よしみつ》時代以来、将軍家に頼ってきた天皇家や公家、寺社の神官僧侶たちの生活が成り立つようにする責任も、将軍家が担ってきたので、富子は自身の家の私財を、将軍家の家外交の手段として、大量に投入したのである。

政治への料足投与を心掛ける富子ではあったが、所有する財は、応仁の乱による大火の影響で、大幅に減じていた。天文十五年の「上下京酒屋土倉申状」によると「応仁一乱ニ土倉・酒屋三百余箇所断絶」と述べているので、ほとんどの土倉酒屋が大被害を受けて営業不能になっていたことがわかる。よって富子の得た公事銭も、乱前に比べて大幅に減じていたことは確実である。

富子の時代は、正長以来の大土一揆《つちいっき》が頻発し、山城国《やましろ》一揆へとつながる、土民・国人《こくじん》による異議申し立ての時代でもあった。応仁《おうにん》の乱《らん》で京郊村落の郷民は、東西両軍に徴兵され、戦闘に参加し、そのために敵方から大規模な焼き討ちにあうという被害を被った。戦争によって得るものは、土民たちには、何一つなかったのである。

右のような時代に生きた御台富子の最大の功績は、畠山《はたけやま》氏一族に、私財を渡し、また所領安堵の御内書を仲介するなどして、西軍を引き上げさせた点にあったと思う。応仁の乱を終わらせた功績は、万人に喜びをもたらした、富子の役割の中でも、最も輝かしいものであったと考える。

日野康子から重子を経て富子に伝えられたのは、将軍家の正室としての心構えと、天皇家、公家、寺社への援助、将軍家配下の武士たちへの心配り、公的行事への参加であったと思う。

いっぽう、公家出身の正室が続いたことによって、将軍家にも大きなメリットが生じた。それは正室とその実家の一族を通じて、公家を将軍家の家臣のように扱うことができるようになるからである。

室町将軍家の正室の持つ役割は、この点だけを取りあげても、甚だ大きなものであったといえるのである。

あとがき

室町・戦国時代をフィールドとする私にとって、永らく疑問に思えた事象は、武家政権である室町将軍家が、その盛期に、なぜ公家日野家から正室を迎え続けたのかという点であった。同じく武家政権であった鎌倉将軍家でも、この現象は三代将軍実朝《さねとも》の時代に見られたが、以後の摂家《せっけ》将軍・皇族将軍時代は、将軍の力は弱められ、執権政治全盛期となったので、将軍の正室についてその出自が注目されることはなく、公家の娘が多いが親王家の娘もあるという状況が続いた。したがって武家の将軍がその正室を、公家の、しかも日野家に限定して代々迎えたという時代は、室町期の足利義満《あしかがよしみつ》から義澄《よしずみ》までに限られるのである。

日野家は廷臣・公家であるから、天皇家に仕え、官職と位を拝領したのは、いわば当然である。その公家の中で日野家が初めて武家である将軍家の正室を出すことができたのは、義満が天皇家や公家・寺社に多くの財を与えて、彼等の存続を助け、南北朝合一を成し遂げさせて天皇・上皇と良い関係を築いたからである。さらにはこれを利用して、室町将軍家の基盤を強化するために、公家に注目し、その切り札として伝奏《てんそう》日野家を重用したからである。いっぽう、日野家側には義満の正室を出す条件が備わっており、それができたのは、一族のうち、特に女性の多くが、院や天皇家の女房として働いており、高い地位に昇って発言権も大きかったからであることに気付いた。

日野家自体、山科家だけでなく他の公家のために義満の援助を取り付ける役割を果たし、楽《がく》などを通じて天皇家と将軍家の相互理解を密にし、協調関係を作り上げるための橋渡しを演じている。

こうして義満時代には、公家の武家家臣化が進んだことが明らかになった。以後将軍家の継承者は義持《よしもち》以後、義満の方針を継承することになる。天皇家の側から見ても、公家階級の所領安堵などを一々将軍家に要請する必要もなくなるので、公家の将軍家家臣化を遮る必要性は薄れたからであると思う。

いっぽう、将軍家御台所《みだいどころ》となった日野家の女性たちについては、富子以外、残存史料は大変少ない。そこで、業子《なりこ》・康子の時代以後、当代の将軍つまり足利義満・義持・義《よし》教《のり》・義政《よしまさ》・義尚《よしひさ》の政治姿勢と施策、執政の実態とその影響、側室の有無などを調べて、それぞれの将軍の生きた時代を浮かび上らせ、その一部ないし全体に、日野家出身の御台所がどのように関係していたのかを検討することに焦点を合わせて考察した。

その結果、まず、断片的ではあるが日野業子が正室であった時代から、御台所には幕府から御料所《ごりようしよ》が与えられていたことがわかった。御台所に給与された手当は、義教時代以後室町期特有の経済発展に伴って拡大し、酒屋・土倉役《どそうやく》や関銭徴収《せきせんちようしゆうけん》権にまで広がり、さらに日野富子の御台所期には、執政や義政への取り次ぎ、天皇家への取り次ぎや気遣い、援助が好感を呼び、多額の金品が大名家から富子の家にもたらされていたことが見えてきた。しかし富子の家の経済基盤は、応仁の乱中に大きく壊れ去ってもいた。富子の家には奉行がいて、幕府奉行とともに、御台所家の諸事を取り仕切っていたことも判明した。

しかし御台所の地位は終始安泰であったわけではなく、夫である将軍の性格や意向に大きく左右された。日野重子は義教の嫡男と次男を生んだにもかかわらず、義教の個人的な好悪の情と、家臣・廷臣弾圧癖によって苦渋を嘗めさせられた。しかしこうした苦しみは、逆に重子に正確な判断力を身に付けさせ、御台所としての役割の重さを自覚させることとなった。それが表出されるのは重子が「大方殿《おおかたどの》」となった義政期においてである。

政治の世界に御台所が登場するのは、康子と富子である。康子は義満によって、准母の地位に押し上げられたが、その役割を実家の日野家や山科家の働きで十二分に果たし、逆に山科家や日野家を含めて公家たちを将軍家の家臣として吸収することに貢献したといえる。

富子は寛正の大飢饉後、糺河原《ただすがわら》で勧進猿楽が挙行された時から、義政と対等な位置に座る御台所として登場した。応仁の乱前・乱中を通じて、みるべき施策を行えなかった管領《かんれい》や将軍の肩代わりをし、乱中から天皇家に居所を準備し、天皇に裁決を仰ぐべき事項は、義政を通じて行わせるか、武家伝奏に指示するかして、処理していたことが明らかにできた。そしてその土台の上に立って、執政を放棄した義政に代わり、文明六年（一四七四）から九年までの間、政治を執ったのである。

文明九年に大御所義政の政治が復活して以後も、富子の政治上の役割は減少せず、行在《あんざい》所《しょ》の手配や内裏《だいり》修理に、私財を投じてまで力を尽くす富子の姿を見出すことができた。また、応仁・文明の乱の終結をはかるために、得意分野である和歌・連歌の知識を利用して「禁裏歌合」に出席し、その後幕府和歌会を催して、文化による天皇家・公家社会と将軍家・武家社会との統合・協調関係を再構築したのである。

富子の役割の中で最も大きかったのは、応仁・文明の乱終結を実現させたことである。持てる私財を投じてこれを実現した富子の姿に、重子の御台所・次期将軍家後継者の生母としての苦渋や、康子の天皇家や廷臣への配慮と義満の意図の理解者としての姿が、凝縮して伝えられていたように思える。日野家出身の歴代御台所の事蹟やその時々の思いは、富子に引き継がれており、彼女を鼓舞し、突き動かしたのではないだろうか。

人は歴史を学ぶことによって、社会の矛盾に気づき、身の処し方、今後の生き方を考えるような気がする。日野富子もまた、難しい時代に生きて、日野家の御台所たちの生き様を振り返り、自身の教訓となしたのであろう。

最後になったが、本書の出版に際し、的確な助言をしてくださった吉川弘文館編集部に篤くお礼を申し上げたい。

二〇一六年六月

田端泰子

参考文献

史料

『兼顕卿記』（広橋兼顕の日記。未刊行。写真判は国立歴史民俗博物館で閲覧できる）
『勧修寺文書』（京都市山科区の勧修寺所蔵文書。未刊行。写本は東京国立博物館などに所蔵されている）
『賦引付』（『室町幕府引付史料集成』上巻・下巻、近藤出版社、一九八〇・八六年）
『建内記』（『大日本古記録　建内記』岩波書店、一九六二〜八六年）
『後法興院政家記』（『続史料大成　後法興院記』臨川書店、一九六七年）
『実隆公記』（続群書類従完成会、一九三一〜六三年）
『大乗院寺社雑事記』（『増補続史料大成　大乗院寺社雑事記』臨川書店、一九三一〜六三年）
『太平記』（『日本古典文学大系　太平記』岩波書店、一九六〇年）
『紀河原勧進猿楽日記』、『異本紀河原勧進猿楽記』（『続群書類従　第一九輯』続群書類従完成会、一九三三年）
『親長卿記』（『増補史料大成　親長卿記』臨川書店、一九六五年）
『東寺百合文書』ち・をなど（『大日本古文書　家わけ第十　東寺文書』東京大学史料編纂所、一九五九年）

『言国卿記』（『史料纂集　言国卿記』続群書類従完成会、一九六九～八四年）
『長興宿禰記』（『新訂増補史籍集覧』三、臨川書店、一九六七年）
『蜷川親元日記』（『続史料大成　蜷川親元日記』臨川書店、一九六七年）
『宣胤卿記』（『増補史料大成　宣胤卿記』臨川書店、一九六五年）
『教言卿記』（『史料纂集　教言卿記』続群書類従完成会、一九七〇～七四年）
『晴富宿禰記』（『図書寮叢刊　晴富宿禰記』一九七一年）
『碧山日録』（『続史料大成　碧山日録』臨川書店、一九八二年）
『満済准后日記』（『続群書類従　補遺一』続群書類従完成会、一九二六年）
『山科家礼記』（『史料纂集　山科家礼記』続群書類従完成会、一九六七～七三年）

文献

池上裕子「戦国期の一揆」青木美智男ほか編『一揆』2、東京大学出版会、一九八一年
稲葉継陽『戦国時代の荘園制と村落』校倉書房、一九九八年
今谷　明『室町の王権』（中公新書）中央公論社、一九九〇年
榎原雅治『日本中世地域社会の構造』校倉書房、二〇〇〇年
笠松宏至「中世の政治・社会思想」『岩波講座日本歴史7　中世3』岩波書店、一九七六年
河合正治『足利義政』清水書院、一九七三年
川岡　勉『室町幕府と守護権力』吉川弘文館、二〇〇二年

川崎（柳）千鶴「室町幕府崩壊過程における山城国一揆」日本史研究会史料研究部会編『中世の権力と民衆』創元社、一九七〇年
川島將生『室町文化論考』法政大学出版局、二〇〇八年
久留島典子「領主の一揆と中世後期社会」『岩波講座日本通史9　中世3』岩波書店　一九九四年
黒川直則「東山山荘の造営とその背景」日本史研究会史料研究部会編『中世の権力と民衆』創元社、一九七〇年
後藤みち子『中世公家の家と女性』吉川弘文館、二〇〇二年
後藤靖・田端泰子編『洛東探訪』淡交社、一九九二年
桜井英治『日本中世の経済構造』岩波書店、一九九六年
佐々木銀弥『日本中世の流通と対外関係』吉川弘文館、一九九四年
杉本苑子・永原慶二「日野富子の人物像」日本放送協会編『歴史への招待』三一、日本放送出版協会、一九八八年
田中淳子「室町殿御台に関する一考察」『女性史学』四、一九九四年
田中倫子「徳政一揆」青木美智男ほか編『一揆』2、東京大学出版会、一九八一年
田沼　睦「室町幕府・守護・国人」『岩波講座日本歴史7　中世3』岩波書店、一九七六年
田端泰子『中世村落の構造と領主制』法政大学出版局、一九八六年
田端泰子「日野富子と将軍『家』」『日本中世女性史論』塙書房、一九九四年
田端泰子「御台（富子）の京都・土民の京都」日本史研究会・京都民科歴史部会編『京都千二百年の素

顔』校倉書房、一九九五年
田端泰子『女人政治の中世』（現代新書）講談社、一九九六年
田端泰子「御台の執政と関所問題」『日本中世の社会と女性』吉川弘文館、一九九八年
田端泰子『乳母の力』吉川弘文館、二〇〇五年
田端泰子『足利義政と日野富子』山川出版社、二〇一一年
田端泰子「将軍家と日野家・山科家」『女性歴史文化研究所紀要』二四、二〇一六年
田端泰子「『きもの』の原型小袖の普及とその背景」南直人・北山晴一・日比野英子・田端泰子編『身体はだれのものか』昭和堂、二〇一八年
寺嶋雅子「『山城国山科郷古図』の成立と伝来」『中央史学』三、一九八〇年
永原慶二『室町戦国の社会』吉川弘文館、一九九二年
芳賀幸四郎『中世文化とその基盤』思文閣出版、一九八一年
早島大祐『首都の経済と室町幕府』吉川弘文館、二〇〇六年
古野　貢『中世後期細川氏の権力構造』吉川弘文館、二〇〇八年
三浦周行「足利義政の政治と女性」『日本史の研究　第二輯上』岩波書店、一九三〇年
三浦周行「日野富子」『日本史の研究　新輯二』岩波書店、一九八二年
村田修三「惣と土一揆」『岩波講座日本歴史7　中世3』岩波書店、一九七六年
百瀬今朝雄「応仁・文明の乱」『岩波講座日本歴史7　中世3』岩波書店、一九七六年
森田恭二『足利義政の研究』和泉書院、一九九三年

山田邦明『日本中世の歴史5　室町の平和』吉川弘文館、二〇〇九年
横井　清『東山文化』（教育社歴史新書）教育社、一九七九年（のちに平凡社、一九九四年）
吉村貞司『日野富子』中央公論社、一九八五年
脇田晴子『室町時代』（中公新書）中央公論社、一九八五年
脇田晴子『戦国大名』（大系日本の歴史7）小学館、一九八八年

著者紹介
一九四一年、兵庫県に生まれる
一九六九年、京都大学大学院文学研究科博士課程修了
現在、京都橘大学名誉教授、文学博士

主要著書
『乳母の力』（吉川弘文館、二〇〇五年）
『山内一豊と千代』（岩波書店、二〇〇五年）
『北政所おね』（ミネルヴァ書房、二〇〇七年）
『細川ガラシャ』（ミネルヴァ書房、二〇一〇年）
『足利義政と日野富子』（山川出版社、二〇一一年）

歴史文化ライブラリー
474

室町将軍の御台所
日野康子・重子・富子

二〇一八年（平成三十）九月一日　第一刷発行

著者　田《た》端《ばた》泰《やす》子《こ》
発行者　吉川道郎
発行所　株式会社　吉川弘文館
東京都文京区本郷七丁目二番八号
郵便番号一一三―〇〇三三
電話〇三―三八一三―九一五一〈代表〉
振替口座〇〇一〇〇―五―二四四
http://www.yoshikawa-k.co.jp/
印刷＝株式会社　平文社
製本＝ナショナル製本協同組合
装幀＝清水良洋・宮崎萌美

ISBN978-4-642-05874-2

歴史文化ライブラリー

1996. 10

刊行のことば

現今の日本および国際社会は、さまざまな面で大変動の時代を迎えておりますが、近づきつつある二十一世紀は人類史の到達点として、物質的な繁栄のみならず文化や自然・社会環境を謳歌できる平和な社会でなければなりません。しかしながら高度成長・技術革新にともなう急激な変貌は「自己本位な刹那主義」の風潮を生みだし、先人が築いてきた歴史や文化に学ぶ余裕もなく、いまだ明るい人類の将来が展望できていないようにも見えます。このような状況を踏まえ、よりよい二十一世紀社会を築くために、人類誕生から現在に至る「人類の遺産・教訓」としてのあらゆる分野の歴史と文化を「歴史文化ライブラリー」として刊行することといたしました。

小社は、安政四年(一八五七)の創業以来、一貫して歴史学を中心とした専門出版社として書籍を刊行しつづけてまいりました。その経験を生かし、学問成果にもとづいた本叢書を刊行し社会的要請に応えて行きたいと考えております。

現代は、マスメディアが発達した高度情報化社会といわれますが、私どもはあくまでも活字を主体とした出版こそ、ものの本質を考える基礎と信じ、本叢書をとおして社会に訴えてまいりたいと思います。これから生まれでる一冊一冊が、それぞれの読者を知的冒険の旅へと誘い、希望に満ちた人類の未来を構築する糧となれば幸いです。

吉川弘文館

歴史文化ライブラリー

中世史

列島を翔ける平安武士 九州・京都・東国 — 野口 実
源氏と坂東武士 — 野口 実
熊谷直実 中世武士の生き方 — 高橋 修
頼朝と街道 鎌倉政権の東国支配 — 木村茂光
鎌倉源氏三代記 一門・重臣と源家将軍 — 永井 晋
鎌倉北条氏の興亡 — 奥富敬之
三浦一族の中世 — 高橋秀樹
都市鎌倉の中世史 吾妻鏡の舞台と主役たち — 秋山哲雄
源 義経 — 元木泰雄
弓矢と刀剣 中世合戦の実像 — 近藤好和
騎兵と歩兵の中世史 — 近藤好和
その後の東国武士団 源平合戦以後 — 関 幸彦
乳母の力 歴史を支えた女たち — 田端泰子
荒ぶるスサノヲ、七変化 〈中世神話〉の世界 — 斎藤英喜
曽我物語の史実と虚構 — 坂井孝一
親 鸞 — 平松令三
親鸞と歎異抄 — 今井雅晴
畜生・餓鬼・地獄の中世仏教史 因果応報と悪道 — 生駒哲郎
神や仏に出会う時 中世びとの信仰と絆 — 大喜直彦
神風の武士像 蒙古合戦の真実 — 関 幸彦
鎌倉幕府の滅亡 — 細川重男
足利尊氏と直義 京の夢、鎌倉の夢 — 峰岸純夫
高 師直 室町新秩序の創造者 — 亀田俊和
新田一族の中世 「武家の棟梁」への道 — 田中大喜
地獄を二度も見た天皇 光厳院 — 飯倉晴武
東国の南北朝動乱 北畠親房と国人 — 伊藤喜良
南朝の真実 忠臣という幻想 — 亀田俊和
中世の巨大地震 — 矢田俊文
大飢饉、室町社会を襲う! — 清水克行
贈答と宴会の中世 — 盛本昌広
中世の借金事情 — 井原今朝男
庭園の中世史 足利義政と東山山荘 — 飛田範夫
出雲の中世 地域と国家のはざま — 佐伯徳哉
土一揆の時代 — 神田千里
山城国一揆と戦国社会 — 川岡 勉
中世武士の城 — 齋藤慎一
武田信玄 — 平山 優
歴史の旅 武田信玄を歩く — 秋山 敬
戦国大名の兵粮事情 — 久保健一郎
戦乱の中の情報伝達 使者がつなぐ中世京都と在地 — 酒井紀美
戦国時代の足利将軍 — 山田康弘

歴史文化ライブラリー

歴史文化ライブラリー

〈近代沖縄〉の知識人 島袋全発の軌跡――屋嘉比 収
沖縄戦 強制された「集団自決」――林 博史
陸軍中野学校と沖縄戦 知られざる少年兵「護郷隊」――川満 彰
沖縄からの本土爆撃 米軍出撃基地の誕生――林 博史
原爆ドーム 物産陳列館から広島平和記念碑へ――頴原澄子
戦後政治と自衛隊――佐道明広
米軍基地の歴史 世界ネットワークの形成と展開――林 博史
沖縄 占領下を生き抜く 軍用地・通貨・毒ガス――川平成雄
昭和天皇退位論のゆくえ――冨永 望
ふたつの憲法と日本人 戦前・戦後の憲法観――川口暁弘
団塊世代の同時代史――天沼 香
鯨を生きる 鯨人の個人史・鯨食の同時代史――赤嶺 淳
丸山真男の思想史学――板垣哲夫
文化財報道と新聞記者――中村俊介

文化史・誌

落書きに歴史をよむ――三上喜孝
霊場の思想――佐藤弘夫
跋扈《ばっこ》する怨霊 祟りと鎮魂の日本史――山田雄司
将門伝説の歴史――樋口州男
藤原鎌足、時空をかける 変身と再生の日本史――黒田 智
変貌する清盛 『平家物語』を書きかえる――樋口大祐
鎌倉 古寺を歩く 宗教都市の風景――松尾剛次
空海の文字とことば――岸田知子
鎌倉大仏の謎――塩澤寛樹
日本禅宗の伝説と歴史――中尾良信
水墨画にあそぶ 禅僧たちの風雅――高橋範子
観音浄土に船出した人びと 熊野と補陀落渡海――根井 浄
殺生と往生のあいだ 中世仏教と民衆生活――苅米一志
浦島太郎の日本史――三舟隆之
〈ものまね〉の歴史 仏教・笑い・芸能――石井公成
戒名のはなし――藤井正雄
墓と葬送のゆくえ――森 謙二
仏画の見かた 描かれた仏たち――中野照男
運 慶 その人と芸術――副島弘道
ほとけを造った人びと 止利仏師から運慶・快慶まで――根立研介
〈日本美術〉の発見 岡倉天心がめざしたもの――吉田千鶴子
祇園祭 祝祭の京都――川嶋将生
洛中洛外図屏風 つくられた〈京都〉を読み解く――小島道裕
時代劇と風俗考証 やさしい有職故実入門――二木謙一
化粧の日本史 美意識の移りかわり――山村博美
乱舞の中世 白拍子・乱拍子・猿楽――沖本幸子
神社の本殿 建築にみる神の空間――三浦正幸

歴史文化ライブラリー

古建築修復に生きる 屋根職人の世界——原田多加司
古建築を復元する 過去と現在の架け橋——海野 聡
大工道具の文明史 日本・中国・ヨーロッパの建築技術——渡邉 晶
苗字と名前の歴史——坂田 聡
日本人の姓・苗字・名前 人名に刻まれた歴史——大藤 修
数え方の日本史——三保忠夫
大相撲行司の世界——根間弘海
日本料理の歴史——熊倉功夫
吉兆 湯木貞一 料理の道——末廣幸代
日本の味 醤油の歴史——林 玲子・天野雅敏編
中世の喫茶文化 儀礼の茶から「茶の湯」へ——橋本素子
天皇の音楽史 古代・中世の帝王学——豊永聡美
流行歌の誕生 「カチューシャの唄」とその時代——永嶺重敏
話し言葉の日本史——野村剛史
「国語」という呪縛 国語から日本語へ、そして〇〇語へ——川口 良・角田史幸
柳宗悦と民藝の現在——松井 健
遊牧という文化 移動の生活戦略——松井 健
マザーグースと日本人——鷲津名都江
金属が語る日本史 銭貨・日本刀・鉄炮——齋藤 努
書物と権力 中世文化の政治学——前田雅之
書物に魅せられた英国人 フランク・ホーレーと日本文化——横山 學
災害復興の日本史——安田政彦

民俗学・人類学

日本人の誕生 人類はるかなる旅——埴原和郎
倭人への道 人骨の謎を追って——中橋孝博
神々の原像 祭祀の小宇宙——新谷尚紀
役行者と修験道の歴史——宮家 準
鬼の復権——萩原秀三郎
幽霊 近世都市が生み出した化物——髙岡弘幸
雑穀を旅する——増田昭子
川は誰のものか 人と環境の民俗学——菅 豊
名づけの民俗学 地名・人名はどう命名されてきたか——田中宣一
番と衆 日本社会の東と西——福田アジオ
記憶すること・記録すること 聞き書き論ノート——香月洋一郎
番茶と日本人——中村羊一郎
踊りの宇宙 日本の民族芸能——三隅治雄
柳田国男 その生涯と思想——川田 稔

世界史

中国古代の貨幣 お金をめぐる人びとと暮らし——柿沼陽平
渤海国とは何か——古畑 徹
黄金の島 ジパング伝説——宮崎正勝
琉球と中国 忘れられた冊封使——原田禹雄

歴史文化ライブラリー

考古学

古代史